CASA DE AXÉ
LIÇÕES DA UMBANDA

Daisy Mutti
&
Lizete Chaves

CASA DE AXÉ
LIÇÕES DA UMBANDA

LEGIÃO
PUBLICAÇÕES

2ª edição / Porto Alegre-RS / 2022

Capa e projeto gráfico: Marco Cena
Revisão: Sandro Andretta
Coordenação editorial: Maitê Cena
Produção editorial: Bruna Dali e Jorge Meura
Assessoramento gráfico: André Luis Alt

Dados Internacionais de Catalogação na Publicação (CIP)
___

C512c Chaves, Lizete
          Casa de Axé: lições da Umbanda. / Lizete Chaves e
      Daisy Mutti. 2.ed. – Porto Alegre: BesouroBox, 2022.
      136 p. ; 14 x 21 cm

      ISBN: 978-85-5527-061-1

      1. Religião. 2. Umbanda. 3. Ética. I. Título.

                                                      CDU 299.6
___

Bibliotecária responsável Kátia Rosi Possobon CRB10/1782

Direitos de Publicação: © 2022 Edições BesouroBox Ltda.
Copyright © Lizete Chaves e Daisy Mutti, 2022.

Todos os direitos desta edição reservados à
Edições BesouroBox Ltda.
Rua Brito Peixoto, 224 - CEP: 91030-400
Passo D'Areia - Porto Alegre - RS
Fone: (51) 3337.5620
www.besourobox.com.br

Impresso no Brasil
Março de 2022.

Sumário

Palavras iniciais 9

Por que Casa de Axé? 13

Trajetória de um médium umbandista
    A caminhada de Lívia 17

Desdobramento
    Jonas: sonho ou realidade? 33

Mediunidade
    A difícil relação entre mentor e médium 47

Animismo e mistificação
    Geni: animismo ou mistificação 67

Mediunidade e transtornos mentais
    Dinho e o terreiro 79

Rituais e fundamentos
    Firmeza de bombogira 93
    A cabeça feita de Juca 95

Ego e espírito
    Egos, egos e egos 105

Esclarecimentos 119

Considerações Finais 129

Glossário 131

Referências Bibliográficas 135

Louvamos e agradecemos:
Ao nosso Ori, por estarmos firmes no propósito desta encarnação.
A Olorum, que nos criou.
Aos médiuns, que contribuíram com suas histórias de vida.
Ao Senhor Ogum Sete Estradas, que está à frente dos livros
Ensinamentos Básicos de Umbanda e *Casa de Axé*.
Àqueles que tiveram muita paciência com estas filhas:
Senhor Exu Gargalhada e Senhor Exu Tranca Ruas das Almas.

Palavras Iniciais

Todas as religiões foram criadas pelo homem como forma de se ligar ao Sagrado. O templo, a casa espírita, o terreiro, o ilê, a loja maçônica, com suas arquiteturas materiais, abrigam homens e mulheres que são os representantes de sua religião. ESTAR numa religião necessariamente não é SER da religião; portanto, encontraremos dirigentes, sacerdotes e sacerdotisas, pastores, babalorixás e ialorixás, pais ou mães de santo, veneráveis mestres de bom caráter, com princípios e valores que condizem com seu cargo, tendo a função principal de indicar o caminho àqueles que têm sede do saber espiritual. Por outro lado, também há representantes que denigrem a religião que dizem seguir. Utilizam o "poder" que imaginam ter dentro de seu segmento religioso e aproveitam-se da ingenuidade e fragilidade de seus seguidores para extorquir, engambelar e até mesmo agredir física e moralmente seus irmãos e filhos de fé. Utilizam-se do conhecimento que adquiriram para persuadir e aprisionar as pessoas mais frágeis que buscam ajuda e orientação, induzindo-as a se tornarem cativas de suas pregações falaciosas em nome de um Deus que controla e pune com mão de ferro todo aquele que não seguir à risca os preceitos por eles criados. Dessa maneira, manipulam consciências que não conseguem se libertar, porque ficaram prisioneiras do medo e das ameaças veladas de perder tudo e a vida piorar cada vez mais.

Mas se existem pessoas que se aproveitam da ingenuidade de seus rebanhos, em contrapartida existem também dirigentes e orientadores sérios e imbuídos do mais nobre ideal de ajudar e esclarecer os membros de suas comunidades religiosas, para que tenham discernimento e saibam escolher o melhor caminho a ser tomado.

Casa de Axé – Lições da Umbanda é um grito de alerta a todos que queiram se integrar na religião. Este livro traz à luz fatos e situações que ocorrem por este Brasil afora. Em cada capítulo o leitor encontrará uma história real de percalços na forma de contos. Os nomes e as localidades são fictícios, mas as dificuldades experimentadas pelos médiuns acontecem, com mais frequência do que imaginamos.

Numa segunda parte de cada trama compartilharemos nossa visão dos fatos, na forma de perguntas e respostas. Seguimos a vertente do Caboclo das Sete Encruzilhadas e por hipótese alguma queremos passar por donas da verdade, mas sim repassar o conhecimento adquirido em estudos, leituras e vivências de terreiro, com o pé no chão que completa uma década. Nosso intuito neste segundo livro é clarear as mentes e induzir o leitor a confrontar, indagar e não aceitar situações que ponham em risco sua pessoa e seu caráter, ajudando-o a percorrer caminhos mais saudáveis e harmônicos. As Umbandas são muitas e todas são válidas para o crescimento espiritual das comunidades nelas inseridas. Como a Umbanda não tem uma codificação, cada terreiro tem seu ritual e segmentos próprios, podendo levantar a bandeira do Mestre Jesus e dos Orixás em seu trabalho ou, simplesmente, pregar a paz, o amor ao próximo e, consequentemente, a caridade.

Rogamos a Olorum que as forças divinas estejam vibrando no Ori de cada leitor e que as palavras aqui grafadas possam ajudá-lo em sua caminhada espiritual. Que Ogum esteja sempre à frente de cada um, abrindo os caminhos, fortalecendo a fé e a vontade para realizar as transformações que seu espírito tanto deseja e necessita.

POR QUE CASA DE AXÉ?

Em nosso primeiro livro, *Ensinamentos Básicos de Umbanda*, definimos assim:

Axé significa a grande energia benfazeja que movimenta e anima tudo no Universo. É o princípio vital, a magia do Criador, é o fluido cósmico universal. Sem axé nada existiria e por meio dele tudo se interliga e se harmoniza. O axé a tudo vivifica, desde as plantas, os animais e até nós, humanos. Na Umbanda o axé é dinamizado através de elementos condensadores como as ervas, as frutas, os cristais, a água e as flores, entre outros. A sustentação deste axé se dá através da mediunidade, quando os Guias e Falangeiros se utilizam do ectoplasma (axé animal/magnetismo) que se cria e se desprende do médium pelos chacras, a fim de realizar a caridade.

No livro *Os Candomblés de São Paulo*, Reginaldo Prandi assim define:

Axé é força vital, energia, princípio da vida, força sagrada dos Orixás. Axé é o nome que se dá às partes dos animais que contêm essas forças da natureza viva, que também estão nas folhas, sementes e nos frutos sagrados. Axé é bênção, cumprimento, votos de boa-sorte e sinônimo de Amém. Axé é poder. Axé é o conjunto material de objetos que representam os deuses quando estes são assentados, fixados nos seus altares particulares para ser cultuados. São as pedras e os ferros dos Orixás, suas representações materiais, símbolos de uma sacralidade tangível e imediata. Axé é carisma, é sabedoria nas coisas-do-santo, é senioridade. Axé se tem, se usa e se gasta, se repõe, se acumula. Axé é origem, é a raiz que vem dos antepassados, é a comunidade do terreiro. Os grandes portadores de axé, que são as veneráveis mães e os veneráveis pais de santo, podem transmitir axé pela imposição das mãos; pela saliva, que com a palavra sai da boca; pelo suor do rosto, que os velhos Orixás em transe limpam de sua testa com as mãos e, carinhosamente, esfregam nas faces dos filhos prediletos. Axé se ganha e se perde.

Por fim, entendemos que AXÉ é o poder mágico ou força propulsora presente no Universo. Particularmente nos terreiros umbandistas, o axé está presente na palavra proferida com amor pelo médium quando pratica a caridade; no conhecimento compartilhado das coisas espirituais pelo dirigente ou zelador do terreiro. Está na folha colhida pelo obreiro e dinamizada pelas entidades; está no congá que o acumula através dos agradecimentos e rogativas para ser distribuído a todos os seres que passam pela casa. Está no azeite de dendê, no ipadê de Exu e nas oferendas aos Orixás; nos elementos de origem mineral, vegetal e animal. Presente também nos quatro elementos: terra, fogo, ar e água. Está no consulente com seu sentimento de fé que contribui para que a caridade possa se realizar e na lágrima de emoção do medianeiro ao sentir a entidade/guia vibrando em seu Ori. O axé está no rodopio de Iansã, no assovio de Oxossi, no grito de guerra de Ogum, no brado de Xangô, no lamento de Nanã Buruquê, no choro de Iemanjá e Oxum, no caminhar lento de Omulu. Axé está na paz e alegria que Oxalá imprime no coração de cada filho. Está nas brincadeiras dos Erês, na fala mansa e amorosa do preto velho, no balanço dos marinheiros e na esperteza dos baianos. E toda esta energia vital desprendida em cada ato ou elemento, utilizada em prol do outro, precisa ser movimentada para alcançar os diversos planos de consciência, levando alento e esperança para os seres desvitalizados por atos negativos. São os valorosos exus que movimentarão este axé com sua gargalhada juntamente com o requebro das bombogiras.

 E todo templo no plano físico que tem por finalidade a caridade passa a ser detentor desta força. E independente de qual religião esta edificação abrigue, o que importa é o sentimento de amor ao próximo que dela emana, tornando-se uma CASA DE AXÉ.

TRAJETÓRIA DE UM MÉDIUM UMBANDISTA

A caminhada de Lívia

Lívia nasceu. Uma bela garotinha de cabelos escuros. Miudinha, mas com um pulmão de aço, que não deixava ninguém sossegar quando estava com fome e abria o berreiro para chamar a atenção da mãe. Cresceu risonha e sadia. Era a alegria do pequeno lar. A filha desejada e amada. E assim se passaram três anos de suave aconchego familiar.

No decorrer do terceiro ano de vida de Lívia apareceram os sinais de uma doença grave que nada conseguia aliviar e o desespero tomou conta dos dedicados pais. Como o tratamento não surtia o efeito desejado, a menina foi levada a um terreiro de religião, onde foi recomendado um tratamento espiritual/trabalho que envolvia elementos densos – sangue – para alcançar o equilíbrio do corpo físico daquela garotinha de tão pouca idade.

Depois de concluído o tratamento espiritual que lhe restituiu a saúde, os pais, movidos por um sentimento de gratidão, se engajaram na corrente mediúnica da casa. Passaram-se alguns anos e, por não terem mais condições financeiras de seguir com os aprontes e feituras, obrigações próprias da religião, resolveram parar de frequentar o terreiro.

Por volta dos quatorze anos, Lívia lia tudo que caía em suas mãos sobre espiritualidade, pois tinha ânsia de aprender. Não acreditava em um Deus punidor. Os ensinamentos de Kardec lhe trouxeram explicações que faziam sentido. Porém, não se adaptou ao modelo das casas kardecistas pelo fato de não aceitarem a manifestação das entidades que a acompanhavam, como Exu, Bombogira, Caboclo, entre outros. Assim, resolveu retornar para o mesmo segmento religioso que outrora havia lhe ajudado.

Nesta fase de sua vida, já adulta, no terreiro que começou a frequentar, foi orientada que, por já ter sido "iniciada" em tenra idade, deveria continuar com as obrigações de Santo, e caso não o fizesse, teria muitos problemas na vida. E assim foi feito.

Porém, o que incomodava Lívia, pelo que aprendera nas leituras no tempo que frequentara a casa espírita, era o descaso com a melhoria interna dos trabalhadores e consulentes, exaltando-se prioritariamente o efeito imediato e descompromissado, com a ajuda do ritual externo. Tudo era feito em nome das tradições, mitos e lendas seculares, sem questionamentos.

Lívia gostava da religião, mas não conseguia se entregar totalmente. Tudo era considerado mistério ou tabu. Nada podia ser dito além do necessário. Ficava contrariada com aqueles que só pensavam em resolver seus problemas com trabalhos e feitiços, sem pensarem nas consequências. Naquele terreiro não havia qualquer consideração pelos envolvidos no problema, se faz e ponto final. Ela percebia que eventualmente aconteciam curas, mas as pessoas eram obrigadas a refazer os trabalhos mais cedo ou mais tarde, em nome de reforços, segundo as explicações do dirigente e dos mais antigos.

Com o tempo, no exercício da mediunidade de incorporação na religião, passou a compreender que recebia o Santo que, na verdade, eram as entidades que trabalhavam com ela, porém não podia falar sobre isso com ninguém. Surgiam então perguntas: "Cadê Iansã, ela me abandonou? E agora, o que faço? Continuo dançando? Será que realmente recebo algo? Não estou inventando?". Muitos questionamentos. Poucas respostas. Nenhuma delas lhe satisfazia.

Uma noite, durante uma reunião com todos os integrantes da casa, Lívia teve a coragem de falar o que sentia ao receber/incorporar Iansã e ao relatar o que acontecia com ela. Todos a olharam, com os olhos arregalados, e ela perguntou ao pai de Santo: "O senhor, por acaso, não sabe que recebe Ogum?".

Para sua surpresa, ele respondeu assim: "Só podia ser uma Iansã!". Deu risada e confessou que sim, sabia que recebia o Santo, mas não era para falar com ninguém sobre isso. Ora, pensou ela, se não sabemos que nos ocupamos com o Santo, o que ficamos fazendo, se permanecemos na roda, dançando durante 5 a 6 horas? Dançar horas e horas cada reza dos Orixás, sendo várias para cada Orixá, de Bará a Oxalá, e não lembrar que está "ocupado" com um Orixá? E mesmo depois, se realmente não nos lembrássemos de nada, por que nunca perguntar a alguém no final das festas: "O que aconteceu esse tempo todo que eu estava com o Orixá? Não vi nada. Onde eu estava? O que fiz?".

Esta inquietação a levava à procura do conhecimento, do esclarecimento, e vibrando neste sentimento resolveu acreditar em sua intuição e escrever um novo começo em sua caminhada espiritual. Com cara e coragem, largou tudo, despachou o que poderia trancá-la naquela corrente e partiu em busca daquilo que seu espírito tanto almejava. Foi um passo decisivo em sua vida.

Logo após sua saída, vieram os feitiços do pai de santo e os ataques de obsessores e ela começou a passar mal com as investidas que lhe eram dirigidas, no sentido de obrigá-la a retornar, sob a ameaça de ter sua vida despedaçada e seus caminhos todos trancados. Recebendo toda esta carga energética negativa e com a autoestima baixa, lutando e caindo cada vez mais, chegou ao fundo do poço, sem um pingo de amor próprio. Os ataques não pararam por aí. Começaram os assédios noturnos, quando se desprendia do corpo durante o sono, e continuando durante o dia. Lívia não aguentava mais, estava a ponto de enlouquecer, caso não conseguisse ajuda imediata. Começou uma maratona na qual ela e o esposo procuraram em todos os cantos da cidade alguém que a ajudasse. Até que encontraram uma Casa de Axé, para onde foi carregada nos braços pelo marido, uma vez que não tinha mais forças para caminhar.

Depois de vários atendimentos e apresentando uma melhora significativa, foi convidada a fazer parte da corrente mediúnica e a recomeçar, sem nenhuma facilidade ou favorecimento. Sentiu uma gratidão imensa pelo mundo espiritual e pelas pessoas que a estavam ajudando, sem nenhum tipo de cobrança. O recomeço não foi fácil. Achava que não era merecedora de estar ali. Era difícil incorporar, pelo estado que se encontrava. Não conseguia se concentrar, levou algum tempo para se adaptar. Começou aos poucos, prestando atenção no ritual, que é uma forma de esquecer os problemas e se entregar para o trabalho caritativo. Foram necessários alguns anos para se recuperar do trauma vivido e ocasionado por um pai de santo sem escrúpulos. O tempo cura nossas feridas e mazelas, nos apontando novas direções. Desfaz bloqueios que nos impedem de aprender e crescer. Lívia passou a sentir-se melhor, mais confiante com suas escolhas. Estava agora no lugar certo, aprendendo, estudando, com disciplina, porque é fundamental para podermos trabalhar com a caridade em uma Casa de Axé.

Poderia esclarecer por que muitas vezes falam em "umbandas"? Umbanda não é uma só?

A Umbanda não é uma religião engessada, não tem um papa, como também não tem uma codificação, por isso encontraremos por este Brasil afora uma diversidade de Umbandas, como: Branca; Pura; de Mesa; Tradicional; Esotérica ou Iniciática; Traçada, Cruzada ou Mista; Umbandondlé; de Caboclo; de Jurema; Umbandaime; Eclética; Sagrada ou Natural e Cristã, cujo tronco provém dos fundamentos do Caboclo das Sete Encruzilhadas. A partir desta viga-mestre, a Umbanda começa a se unir com outras vertentes, como a do Caboclo Mirim, que é mais iniciática, da Encantaria no nordeste do país, do Catimbó ou dos Mestres da Jurema e também do Candomblé e da Nação.

Essas "umbandas" têm uma unicidade, algo em comum a todas, que é a manifestação de espíritos de caboclos, pretos velhos e crianças trabalhando para a caridade, característica fundamental da Umbanda. Quando essa qualidade distintiva fundamental se une a outro segmento de culto, dando origem a uma terceira forma de expressão religiosa, porém não perdendo as características de ambos os cultos, dá-se o nome de "umbandas".

É meio confuso, para quem não conhece a religião, ter várias Umbandas!

A Umbanda se molda a partir das necessidades espirituais e culturais de seus fiéis. Desde que apareceu em solo brasileiro, lá nos idos de 1908, ela se expandiu, adaptando-se a cada comunidade. Tal como a água que se acomoda ou se molda conforme o recipiente em que a colocam, assim é a Umbanda: se adapta sem se distanciar de sua origem – a manifestação do espírito para a caridade, a simplicidade e a humildade representada pelas entidades que se apresentam sob a forma de caboclos, pretos velhos, crianças, boiadeiros e marinheiros, sendo que futuramente outras irão se unir a esta bandeira divina. A Umbanda cresceu muito e alargará mais horizontes, modificando-se gradualmente, porque é assim que Olorum deseja, caso contrário já teríamos leis e regulamentos.

Na história de Lívia, qual era o tipo de Umbanda que ela frequentava?

Lívia estava à procura de algo que desse sentido a sua vida e assim recorreu a um tipo de terreiro que já conhecia e que trouxesse paz para seu coração. Mais especificamente, ela recorreu à Umbanda Traçada, que tem influências da religião Nação ou do Candomblé, ou seja, combina os fundamentos e os preceitos oriundos dessas religiões, podendo ter os tradicionais rituais de iniciação, feitura ou aprontamento; camarinha, bori, além das oferendas ou ebós de comida ou de animais com seus respectivos sacrifícios. Nesta vertente também são utilizadas algumas cerimônias de iniciação e avanço de graus conforme o tempo de casa. Chama-se de Traçada ou Cruzada porque se mescla Umbanda com cultos de nação Jeje, Ketu, Angola etc., conforme a caminhada espiritual do dirigente. Neste terreiro de Umbanda Traçada as engiras com entidades de Umbanda acontecem em sessões diferenciadas por dias e horários. Usa-se a roupa branca como vestimenta dos médiuns e aceita-se também o uso de roupas de outras cores pelas entidades, bem como o uso de complementos, tais como capas e cocares, e de instrumentais próprios, como espada, machado, arco, lança etc.

É seguro frequentar a Umbanda Traçada ou outras Umbandas?

Neste vasto mundo das Umbandas encontraremos dirigentes, babalorixás, chefes de terreiros ou zeladores anônimos que se preocupam com o bem-estar de seus filhos de corrente. No entanto, também existem líderes umbandistas que, ao contrário desses se aproveitam das pessoas que chegam a suas casas fragilizadas, seja no aspecto espiritual ou físico, mental ou emocional.

Queremos deixar bem claro que quaisquer tipos de Umbanda ou religião que trabalhem em prol de sua comunidade com ética e respeito, independente do elemento de rito e do fundamento, são válidos perante a Espiritualidade Maior. Todas as religiões têm como missão a formação do caráter e da ética das pessoas que as frequentam. Sem exclusão, todas compõem o grande mosaico religioso que tem como missão alavancar o homem a um degrau acima na evolução espiritual. Cada segmento religioso contribui para o bem-estar espiritual de todos.

Como saberei a qual Umbanda pertence o terreiro e se ele faz um bom trabalho para sua comunidade?

Mantendo a frequência como visitante do terreiro e sendo observador dos trabalhos. Além de observar, também é importante analisar e fazer perguntas aos médiuns da casa sobre os rituais, os tipos de trabalhos ou quaisquer outras dúvidas. Sentir a energia da casa e avaliar se ela bate com sua energia, ou seja, se você se sente bem. Tentar desvincular o sentimento de desespero ou ansiedade por uma solução imediata do problema com a observação e a avaliação que está fazendo do terreiro que frequenta. Muitas vezes, a facilidade de solução de um problema trará, futuramente, graves incômodos, seja na ordem espiritual, emocional ou física.

Não se iluda com promessas mirabolantes que envolvam dinheiro para a realização de trabalhos espirituais como forma de amenizar ou resolver as adversidades. Lembre-se: a solução está dentro de você!

Fale um pouco sobre as oferendas realizadas nos terreiros de Umbanda.

As oferendas realizadas pelo zelador ou dirigente do terreiro de Umbanda são uma forma de catalisar e movimentar o axé. O axé é o fluido cósmico universal que a tudo interpenetra provindo do hálito mantenedor do Criador.

Nas oferendas o axé é transmitido, revitalizado, renovado, expandido por meio de elementos materiais ou de certas substâncias que farão o papel de condensadores energéticos. Uma vez transferido o axé para os elementos da natureza que compõem a oferenda, o axé será potencializado pelos guias espirituais que conjugam outros fluidos etéreo-astrais necessários à corrente mediúnica ou particularmente a um médium, renovando seu poder de realização, em outras palavras, o fortalecimento de seu Ori. Toda oferenda, ebó ou outro tipo de trabalho espiritual é firmado por invocações mentais ou mantras, que são comandos verbais e têm como objetivo fazer a ligação da dimensão física com o plano extrafísico. No plano extrafísico haverá espíritos desencarnados que receberão e movimentarão a contraparte astral da oferenda, conduzindo esta energia a seu destino.

O que diferencia um trabalho espiritual de outro é a intenção ou sentimento que alavanca o pedido. A intenção fará a sintonia do médium encarnado com espíritos benfazejos ou com espíritos sem ética e moral, gozadores ou vingativos no plano invisível. A intenção tem peso perante o Criador e os Orixás e não os elementos em si, mesmo sendo os melhores e mais caros. Uma vela e um copo de água com uma intenção altruísta em seu benefício e para os outros tem mais valia do que uma bela oferenda com flores, frutos e demais elementos com um pensamento egoísta em detrimento de terceiros.

O homem, feito à imagem do Criador, possui poder e força mental. Se aplicarmos nossa força mental segundo os ensinamentos de Jesus, vibraremos na harmonia cósmica e angariaremos créditos na contabilidade das leis divinas. Se, ao contrário, usarmos nossa força mental ou poder criador na mais nefasta magia negativa ou simplesmente para prejudicar nosso semelhante, atrairemos, pela lei universal de retorno, consequências que deverão ser retificadas nesta ou em outra vida futura.

Qual é o propósito de uma oferenda?

Quando a comunidade de terreiro ou algum médium em particular necessita de uma reposição de axé, utiliza-se a oferenda como instrumento catalisador. O médium, estando em carência de energia de determinado Orixá em conformidade com seu Eledá ou coroa mediúnica, poderá se utilizar do preceito e/ou da oferenda para fortalecer seu Ori.

No caso da comunidade, entendemos que o axé é o sustentáculo da prática litúrgica na Umbanda. Este axé precisa, de tempos em tempos, ser realimentado, pois, com os aconselhamentos e passes, os médiuns, aos poucos, sofrem uma perda energética e se desvitalizam gradativamente. Para restituir o equilíbrio, e consequentemente o equilíbrio magístico entre os planos físico e extrafísico, é necessária a intervenção da oferenda com seus elementos, que será ativada pela conduta individual e coletiva de todos os membros da corrente mediúnica, podendo diminuir ou aumentar o axé conforme o objetivo do trabalho. Será o dirigente ou zelador do terreiro que determinará quando, como e para qual Orixá ou entidade será destinada a oferenda.

Poderia dar um exemplo de oferenda destinada ao médium da Umbanda?

Imaginemos um médium, filho de Ogum, que está passando por dificuldades financeiras e conflitos em seu casamento. Vivendo este momento conflituoso, não consegue vibrar em harmonia com seu Orixá de frente, cujos atributos são a coragem, a determinação e a vontade para superar obstáculos; mas ele está vibrando no excesso dessa energia. Não consegue dialogar e somente briga; todos os seus atos são de violência, está totalmente intolerante a tudo a sua volta. O zelador observa o comportamento desse filho e chama-o para uma conversa. Conclui que é necessário abrandar a energia de Ogum que está em desequilíbrio, e para isso indica uma oferenda juntamente com um preceito ao Orixá Oxum. A energia de meiguice, amorosidade e tolerância de Oxum vai reequilibrar o médium. Claro que a oferenda por si só, sem a compreensão dos fatos e da necessidade de mudança de postura, torna-se uma bengala, uma dependência psicológica.

E no caso de Lívia, não era isso que acontecia?

O terreiro no qual Lívia trabalhava era do tipo de dirigente, pai ou mãe de santo aético, que se utiliza da religião como profissão. O dirigente em questão satisfazia os desejos de seus filhos e da assistência em troca de uma remuneração monetária.

Não havia o interesse em pautar se tal pedido poderia prejudicar outra pessoa ou não. Pelo contrário, eram muitos os pedidos de vingança, de ganância, de poder e de querer o amor de volta. Nesse tipo de terreiro não há ética, nem se passa a ideia de mudança de postura, não se prega a reforma interna.

Os trabalhos espirituais solicitados passam a ser feitiços ou oferendas para algumas entidades que geralmente se passam por algum falangeiro da Umbanda, usando indevidamente seu nome. Essa atração e a movimentação de axé através do feitiço ou da oferenda são baseadas no sentimento de troca, obrigações, barganhas, do tipo "toma lá, dá cá", doa a quem doer. E o elemento utilizado nesses trabalhos costuma ser o axé do sangue do animal sacrificado.

Fale sobre feitiços.

Feitiço, bruxaria ou enfeitiçamento significa algo que é oferecido ao plano extrafísico com o objetivo de prejudicar alguém. Quando se faz um feitiço, faz-se magia negativa. Ao realizar um feitiço, convocam-se forças do mundo oculto para catalisar objetos, na maioria das vezes peças íntimas da pessoa a quem se quer atingir, como cabelos, panos impregnados de suor, esperma ou sangue da menstruação etc. Depois, irradiam-se energias maléficas em direção à(s) pessoa(s) visada(s) pelo médium feiticeiro. A esses objetos pessoais, secreções ou cabelos de quem se deseja prejudicar dá-se o nome de "endereço vibratório".

Se o dirigente realiza feitiço ou oferenda sem levar em conta a escolha do outro, o que acontece na contraparte astral do terreiro?

Como somos regidos pela lei de sintonia, entre tantas outras leis espirituais, e o sentimento que vibra mais forte no terreiro em questão, e em outros semelhantes, é de esperteza, ambição, poderio e cobiça, encontraremos na contraparte astral espíritos que se locupletam com esses médiuns. São espíritos ambiciosos e desejosos de energia densa que contribuirão para que os desejos dos "clientes" sejam respeitados.

E como podemos mudar essa sintonia?

Quando o médium de um terreiro assim desperta para os tesouros espirituais e começa a se questionar sobre o que seu coração realmente almeja e passa a ficar insatisfeito com a condução dos trabalhos da casa, cria-se uma energia de transformação. Para haver uma transformação, algo precisa ser feito. O velho, as concepções e as "verdades" antigas agora não aceitas precisam dar lugar a novos conceitos de vida e a verdade passa a ser outra. Foi o que aconteceu com Lívia, que escutou o chamamento de seu Ori e saiu da corrente por livre e espontânea vontade. No entanto, como lá havia um dirigente sem ética, que achava que detinha poder sobre tudo e todos, Lívia passou a ser atacada espiritualmente, para que retornasse pedindo perdão e ajuda.

Então, quando saímos definitivamente de um terreiro, podemos ficar mal espiritualmente?

O indivíduo que veio a esta encarnação com a capacidade mediúnica, sendo trabalhador firmado em uma egrégora de terreiro, ao se desligar do grupo mediúnico, poderá sofrer abalos espirituais por diversos motivos. Não podemos generalizar que em toda saída de casa ou terreiro o medianeiro receberá um "malfeito" ou "macumba" do sacerdote.

Deixamos bem claro que apenas dirigentes de má índole recorrem a esses artifícios. Grande parte dos chefes de terreiro tem a compreensão de que sempre haverá movimentação de médiuns na casa: ora uns chegando com toda a disposição para trabalhar e colocar a "mão na massa"; ora outros saindo, porque sua vida tomou outro rumo, podendo ser profissional, familiar ou até mesmo uma insatisfação espiritual. Esses sacerdotes são nossos pais espirituais e sabem que os filhos precisam trilhar outros caminhos.

Outro motivo que pode levar a sentir-se "demandado" pelo ex-dirigente poderá ser uma auto-obsessão. Por estar passando por momentos de dificuldades coincidentes com a saída do terreiro, cria-se na tela mental a imagem da ideia de perseguição. São sugestões ou simbioses de pensamentos que se grudam no complexo energético do medianeiro incauto, aumentando ainda mais seu desequilíbrio. Lembrando que o indivíduo é médium por 24 horas ininterruptas e que a não prática de sua mediunidade, somada ao acúmulo de ectoplasma, atrairá espíritos sedentos por equilíbrio que encontrarão no médium um ótimo campo energético para o restabelecimento de seu bem-estar. Por ter capacidade mediúnica, esse indivíduo sentirá todo o desequilíbrio do sofredor que agora o acompanha.

Portanto, nem tudo é magia negativa enviada, pois tal justificativa nos leva a uma solução confortável. Transferimos para o outro a responsabilidade por nossos erros morais e espirituais.

Quanto à incorporação de Lívia, que durava mais de cinco horas, isso pode ocorrer?

A mecânica de incorporação possui três graus de sensibilidade: (1) a inconsciente, muito rara atualmente; (2) a semiconsciente, em que o médium tem lembranças fragmentadas e percebe parcialmente os acontecimentos; (3) a consciente, mais comum e menos aceita, em que o medianeiro está lúcido, sente e percebe a aproximação do espírito comunicante, e libera seus sentidos em prol do momento mediúnico. Podemos dizer que é uma mediunidade anímico-mediúnica, pois envolve os registros de todo o conhecimento adquirido pelo médium mais a informação repassada pela entidade Guia. A mediunidade consciente é uma mediunidade de parceria com a Espiritualidade Maior.

No caso de Lívia, incorporar por mais de cinco horas sem interrupção é deveras impossível, mesmo com uma sensibilidade inconsciente. Imaginemos o sofrimento energético de um espírito de alta vibração ao ficar em contato com energias densas, como nosso corpo físico e o plano onde vivemos, por horas seguidas. Poderá, sim, passar de uma incorporação para uma irradiação, caso em que o medianeiro se lembraria dos acontecimentos nesse período de cinco horas.

DESDOBRAMENTO

Jonas: sonho ou realidade?

Jonas acordou de um salto e quase caiu da cama. Olhou para todos os lados assustado, conferindo se estava em seu quarto ou naquele maldito avião que povoava seus sonhos todas as noites nos últimos meses. Não era uma simples viagem de férias ou a negócios. Era um pesadelo no qual o avião despencava bruscamente e ele acordava molhado de suor, no exato momento em que faltavam poucos metros para bater contra uma montanha, rodeada de mato fechado. Um lugar inóspito e de difícil acesso. Caso ocorresse tal desfecho, ele e os demais passageiros estariam lascados e ferrados. Mas, pensando bem, quem eram os outros passageiros? Ele se lembrava somente de dois, e sempre os mesmos. Uma mulher alta e forte e um homem alto e magrelo. Falavam com ele, mas no desespero do acidente iminente ele não ouvia nada, só seus gritos desesperados rogando a Oxalá, Xangô, Ogum e todos os Orixás, mais alguns falangeiros que conseguia chamar para dar força.

Era adepto e trabalhador umbandista. Há cerca de dez anos exercia suas atividades mediúnicas numa casa e estava descontente com alguns fatos para os quais não encontrava resposta. Não que não tentasse conversar com o dirigente da mesma. Ele tentava, mas não obtinha as explicações que poderiam lhe acalmar a mente angustiada e cheia de expectativas. Assim, os sonhos recorrentes que não lhe deixavam dormir, acordando no meio da noite e se deparando com uma insônia tal que de manhãzinha já estava cansado, exausto, para mais uma jornada em busca da sobrevivência material da família. Exasperado, não tinha paciência para ninguém. E tais acontecimentos já estavam mexendo com sua estrutura nervosa e comportamental. A esposa reclamou. Os filhos reclamaram. Os colegas e o chefe reclamaram. Ele não estava mais se suportando, sinal evidente de que precisava tomar uma atitude urgente, ou teria muito em breve um colapso nervoso.

Chamou a esposa, conversaram. Contou a ela suas dúvidas. Pediu que o acompanhasse até uma casa singela de Umbanda, da qual ouvira falar e onde talvez pudesse obter aconselhamento digno daquilo que buscava. Ela concordou e os dois foram no dia reservado aos trabalhos de atendimento ao público. Era uma das tantas casas das Umbandas que trabalham para o bem comum e alívio das dores dos consulentes em geral. Pequena, tão simples que nem parecia de religião, toda branquinha, muito limpa, o chão reluzindo com as luzes do ambiente. Flores, muitas flores enfeitavam o local.

Após aguardarem um tempo, iniciaram os atendimentos e Jonas foi encaminhado para uma senhorinha de cabelos brancos, encurvada e sentada num banquinho, rodeada de ervas. Questionada, disse que era conhecida por ali como Mãe Preta e perguntou o que um filho de Oxóssi fazia por aquelas bandas, tão longe do terreiro que frequentava. E ele, que nunca tinha visto aquela senhora, que não sabia quem ele era, nem que era membro de uma corrente mediúnica em uma casa das Umbandas, desatou a chorar. Abriu seu coração em frangalhos e contou o motivo de estar ali.

– Trabalho em uma casa de Umbanda e lá não encontro explicações para minhas angústias. Já perguntei várias vezes ao Pai de Santo sobre elas e as respostas não me satisfazem. Estou tão abalado que até pensei em largar tudo e deixar esta caminhada de lado. Porque, se continuar assim, acho que vou piorar cada vez mais. Falou dos sonhos que o atormentavam e das noites mal dormidas, para as quais não encontrava explicações.

– Mas, afinal, o que lhe traz tanta angústia? – perguntou Mãe Preta.

– Ah! Minha mãe... Acontece que, quando estou em trabalho mediúnico, recordo praticamente tudo que acontece durante a engira, os aconselhamentos e o desenvolvimento. Lembro e reconheço as entidades com as quais trabalho. Porém, como o pai de santo diz que lá a mediunidade é inconsciente e que não se fala sobre isso, porque é uma das normas da casa, estou numa dúvida muito grande. Acho que não tenho mediunidade e que é tudo engambelo de minha parte. Devo ser anímico e não sabia. Preciso de ajuda. Urgente!

Mãe Preta, com toda a sabedoria dos simples e humildes, explicou brevemente a ele que os sonhos recorrentes ou desdobramento astral durante o sono, eram uma tentativa das entidades que pertenciam a linha dos Exus e que haviam sido designados a trabalhar com ele visando chamar sua atenção para ler, pesquisar e buscar através do estudo as explicações para as dúvidas sobre a mediunidade que tanto o atormentavam. E que nunca era tarde para recomeçar aqui, lá ou acolá.

Mãe Preta recomendou leituras e que, se estivesse interessado, poderia frequentar as palestras de estudos abertas ao público e, quem sabe, depois de um tempo, um grupo de estudo voltado aos médiuns da casa. Aplicou um passe e se despediram com um abraço fraterno. Jonas saiu dali radiante, contou tudo à esposa e disse a ela que pediria uma licença para tratar de interesses particulares e aproveitaria o afastamento para estudar. Estava resolvido a aceitar o convite de Mãe Preta.

Durante a noite o sonho voltou e ele começou a suar frio e a se revirar na cama, porém, quando o avião começou a despencar e o pavor estava se instalando, ele percebeu o homem magro e a mulher alta, seus velhos conhecidos, passarem por ele no corredor do avião e tomarem a cabine do piloto e o assento do mesmo. O avião estabilizou o voo e a viagem seguiu serena até seu destino. Quando os passageiros estavam se retirando, ele olhou para os dois, que estavam parados na porta, e perguntou quem eram. O homem sorriu, piscou e ele escutou:

– Bem-vindo a bordo da aeronave do conhecimento. Vamos nos encontrar bem seguido por aqui. Sou Tranca Ruas e ela, Cabocla Jupira.

Estava em festa...
Toda a floresta estava em festa
Porque cantou o uirapuru!
No seu cantar ele veio anunciar
Pois a Cabocla Jupira vai baixar!

Quando um sonho é lembrado com detalhes ou é recorrente, podemos dizer que houve uma vivência real do espírito?

Quando adormecemos e o corpo repousa, ocorre um afrouxamento dos laços vitais e o espírito se emancipa, tendo uma liberdade parcial. Definimos como uma liberdade parcial porque o espírito fica ligado à constituição física pelo cordão fluídico. A esse fenômeno do espírito encarnado e semiliberto denominamos *desdobramento natural*, que é uma vivência do espírito encarnado em outra realidade existencial.

O que é o cordão fluídico?

O fio de prata ou cordão fluídico é a identidade do ser encarnado desdobrado, transitando nos planos extrafísicos. Na verdade, são milhões de tenuíssimos filetes de energia que saem da região intracelular do corpo físico em direção aos chacras ou centros energéticos e se prolongam até a cabeça, na região cerebral, especificamente na glândula pineal ou epífise, onde se dá todo o intercâmbio mediúnico. Esses filamentos, ao se unirem no topo da cabeça, formam um cabo energético de coloração prateada, ligando o corpo somático aos corpos sutis (duplo etérico, astral e mental).

Se, ao adormecer, formos a lugares distantes, esse fio pode se romper? Qual a importância desse cordão?

O cordão fluídico possui a propriedade da elasticidade, estando na medida certa da distância onde está o encarnado. Ao sair do corpo, quando adormecemos, ele se estica e, quando de volta, retoma sua forma original. O fio de prata, além de identificar o ser como encarnado, tem a responsabilidade de captar as imagens de tudo que o espírito, em parcial liberdade, vê, ouve e fala de sua mente espiritual. A partir dessa captação, transmite com toda a nitidez, para o cérebro e para o corpo de carne, as reações do espírito, no mesmo nível dos pensamentos. Por isso, as lembranças detalhadas de alguns sonhos que, na verdade, são desdobramentos.

Quando o espírito desdobrado vê-se em perigo ou com medo de algo juntamente com o pensamento de fuga, de sair daquela situação, essas mensagens de "socorro" são transmitidas ao cérebro físico. O cérebro físico as interpreta como perigo real e alerta o corpo físico, que libera hormônios, preparando o organismo para um momento de ação imediata ou estresse. Nesse estado de extrema excitação, faz com que o cordão fluídico imediatamente seja puxado, fazendo-o encolher bruscamente, trazendo o espírito de volta ao corpo. Por essa razão acordamos dos pesadelos em sobressalto e com o coração acelerado.

O rompimento do fio de prata ocorre somente quando há falência de todos os órgãos do corpo. Ele se desfaz como se fosse de plumas caindo e o desligamento total é realizado por falangeiros do Orixá Omulu.

Quando adormecemos e nos desdobramos naturalmente, o que acontece com nosso espírito?

Allan Kardec, em *O Livro dos Espíritos*, item 402, esclarece que, quando o corpo está em repouso, o espírito dispõe de mais faculdades do que no estado de vigília. Tem lembrança do passado e, às vezes, visão do futuro; adquire liberdade e pode entrar em comunicação com outros espíritos, seja deste ou do outro mundo.

Esse relacionamento extrafísico irá depender da ética, dos pensamentos e dos sentimentos que a pessoa abriga enquanto está em vigília, isto é, acordada. Ao se desprender do corpo físico, durante o sono, o indivíduo irá em busca de satisfação para seus desejos mais íntimos, aqueles que são ocultos em estado de vigília ou aquilo que está mais fortemente gravado em seu psiquismo. A pessoa, numa noite de sono, poderá ficar próxima ao corpo físico ou passear pelos diversos locais do plano Astral. E, por afinidade, ir a lugares que satisfaçam seus vícios, ou a locais mais salutares ao espírito.

O que podemos fazer para, ao dormir, ir a lugares de boa vibração?

Jesus nos passou a fórmula do bem viver: orai e vigiai!

Vigiar a postura frente à vida, trabalhar as mágoas, os rancores e as emoções negativas, vibrar em sentimento de gratidão mesmo nos momentos mais difíceis. Evitar leituras e filmes que falam em violência, temas que envolvam discussões ou sexo, principalmente horas antes de dormir. E, ao se recolher para o descanso da noite, fazer uma oração ou ler algo edificante para modificar a vibração. Desligar-se mentalmente dos problemas. Se não conseguir, fazer uma prece pedindo clareza mental, discernimento e entendimento dos fatos.

Quais os outros tipos de desdobramentos, além do sono fisiológico?

Além do desdobramento natural do corpo astral por meio do sono, citamos os transes mediúnicos que poderão ocorrer em desdobramento parcial ou total, sonambúlico e magnético.

Que tipo de mensagem poderá vir em um sono recorrente como o de Jonas?

É difícil de avaliar, pois é em nível particular. Geralmente os sonhos recorrentes são avisos por algo que está acontecendo e não conseguimos compreender, ou que irá acontecer. O entendimento do sonho acontece, muitas vezes, após o desfecho da situação. Um sonho recorrente é uma mensagem simbólica, como no caso de Jonas, que sonhava que estava num avião prestes a cair, mas não havia um desfecho definitivo, porque acordava antes da queda. O avião em queda era a insatisfação espiritual e sua impotência frente à falta de respostas para suas dúvidas. O pavor da queda era representado pelo medo (inconsciente) de procurar outros terreiros, a insegurança de trabalhar em outro lugar, juntamente com a dúvida crescente quanto a sua mediunidade, que não sabia se era consciente ou inconsciente.

No voo ele estava acompanhado por um exu e uma cabocla, por que não explicaram nada para ele?

Jonas estava desdobrado e não tinha percepção suficientemente clara para perceber que estava em desdobramento arquitetado por seu guardião e orixá de frente – Oxossi, representado pela cabocla Jupira – cabocla de Oxossi com entrecruzamento com Orixá Iansã.

Não podemos agir como crianças e querer que a Espiritualidade Maior faça tudo por nós, inclusive o simples ato de procurar respostas ou decidir se sai ou fica no terreiro, como no caso de Jonas. Ele passou um enorme tempo com dúvidas e somente tomou outro rumo quando isso afetou seu complexo físico-mento-emocional. Para sairmos de uma situação cômoda, às vezes, precisamos sentir a dor, e os Guias deixam isso acontecer para que os filhos possam acordar e tomar as decisões necessárias. As escolhas são nossas e não dos Guias.

Como filho de Oxossi, Jonas precisava trabalhar os atributos de seu orixá de frente, que são: necessidade de alimentar a alma; adquirir conhecimento; trabalhar constantemente para o crescimento e renovação; foco. Oxossi, com um só flechaço, acertou colocando dúvida quanto à mediunidade e suas características; atiçou a curiosidade de Jonas frente aos temas que envolvem a religião. E, assim tendo o conhecimento para discernir do certo e do não tão certo e ter mais cuidado com os caminhos que poderiam levá-lo a uma queda. E nada como a energia de Iansã para empurrar para novas paragens. Salientamos que são poucos os médiuns que conseguem ter um desdobramento consciente. Muitos se descontrolam emocionalmente, são puxados pelo cordão fluídico e retornam ao corpo deixando seus amparadores "a ver navios".

O que é desdobramento consciente?

Desdobramento consciente ou voluntário acontece quando o próprio médium provoca a saída do corpo físico. Ele tem plena ciência da sua nova condição no plano extrafísico.

A realização da saída consciente do corpo deverá ser embasada por motivos nobres e elevados para assegurar proteção espiritual em todas as circunstâncias. É importante a solicitação do amparo de seu protetor espiritual ou guardião, pois sem seu auxílio a pessoa não deve se aventurar no plano Astral. Ter disciplina nos pensamentos e nas emoções é muito importante para não ser um estorvo aos falangeiros dos Orixás quando requisitado nos trabalhos extrafísicos.

E quando o sonho acontece uma única vez e com detalhes? Passam-se semanas ou meses e sua lembrança continua nítida. É um desdobramento?

A espiritualidade, para realizar seus trabalhos nos planos existenciais, necessita do axé animal, que é o ectoplasma, e somente o encarnado possui essa energia. É o bem mais valioso e requisitado entre os desencarnados. Muitos médiuns são desdobrados durante o sono natural e conduzidos por seus mentores e guardiões a incursões no Astral Inferior. A lembrança dos fatos vividos pelo espírito em desdobramento acontece por decisão de seu Guia, sempre pautando o crescimento do mesmo.

Quando o trabalho de socorro se passa em regiões de muita dor e sofrimento, e a lembrança poderá prejudicar o medianeiro, a espiritualidade não deixa o cérebro físico gravar, não havendo lembrança.

A lembrança do desdobramento pode ser parcial, apenas as situações relevantes dentro do contexto geral; quando a recordação é permitida pelo amparador/guia, é nítida e duradoura.

Poderia dar um exemplo de desdobramento que foi um trabalho em parceria com a espiritualidade?

Rafa caminhava pela praia quando se deparou com uma placa que dizia 'REINO DE YEMANJÁ'. Parou, olhou e pensou: O que estou fazendo aqui? Como vim parar neste lugar?

Ela estava usando roupas pretas e, ao passar pela placa e entrar naquele local, suas roupas mudaram de preto para azul e branco.

A praia era linda, com ondas altas e fortes batendo nos rochedos, levantando espuma branquíssima para todos os lados. Na areia, observou que havia muitas pessoas de mãos dadas formando uma roda, todas vestidas de branco ou branco com azul.

Um rapaz se aproximou dela e a convidou para irem até a beira do mar. Os dois mergulharam e, ao retornar à praia, já não estavam no mesmo local, o cenário era outro. E ali se deparou com um rio calmo, com crianças chorando nas margens. Olhou para o lado e viu o rapaz consolando os pequenos. Ela se aproximou e questionou o motivo daquele choro, e ele falou para mergulhar novamente, assim entenderia a situação.

Ao retornar do mergulho e colocar a cabeça fora d'água, compreendeu tudo. As crianças sofriam abuso de um homem relativamente velho. Rafa abraçou-as, levando-as para um lugar melhor, uma casa de acolhimento. Quando acordou, sentia-se estranha e não sabia se era sonho ou realidade.

Percebe-se que é um sonho cheio de detalhes, com sequência de fatos, mudança repentina de cenário e cor das roupas, características próprias do plano Astral. Tudo é nítido, intenso e de ação rápida. Pensou... aconteceu. Diferente das leis que regem o plano físico.

Esta pessoa, médium, foi de grande auxílio para o amparo e recolhimento daquelas crianças.

Por que alguns dirigentes não querem tirar as dúvidas dos trabalhadores da casa?

A Umbanda e as Umbandas vêm de uma tradição na qual todo questionamento era respondido pelo caboclo ou preto velho. Até porque antigamente havia dificuldades em adquirir o conhecimento da religião, assim a entidade-chefe incorporava e reunia o grupo para uma conversa instrutiva. A mediunidade, naquela época, era inconsciente e o médium literalmente não se lembrava dos fatos que ocorriam, o cambono a tudo anotava e depois repassava para o dirigente, já desincorporado. A palavra da entidade era lei e de muita sabedoria. Naquela época, os dirigentes eram humildes e sábios, sendo exemplos para seus filhos.

Atualmente, a Umbanda se adapta à tecnologia, que facilita o acesso ao conhecimento; a mediunidade passa de inconsciente para consciente; há uma exigência dos médiuns quanto ao estudo e, em contrapartida, uma procura maior dos mesmos pelas respostas. Ao adquirir o saber, o medianeiro começa a ter uma atitude proativa nas lides mediúnicas. Com a mediunidade consciente, o trabalhador passa a ter responsabilidade compartilhada nos aconselhamentos, inclusive os exageros nas manifestações mediúnicas não são mais de exclusividade da entidade incorporante.

Os jovens umbandistas de hoje se utilizam das redes sociais como meio de passar o conhecimento. São vídeos, *lives*, grupos de conversas, cursos *online* formadores ou não de sacerdotes, pois vivemos a era das respostas rápidas. Então, os dirigentes que não estão acostumados à leitura, ao estudo e possuem dificuldades de adaptação a computadores e à *internet*, o meio mais fácil de acesso à informação, ficam sem respostas aos questionamentos dos mais jovens. Para resolver esse impasse, alguns enquadram as dúvidas como tabu; segredos; enrolam nas respostas; confirmam como verdades as inverdades; afirmam que não há necessidade de estudo, deixando seus obreiros mais perdidos e insatisfeitos. E por quererem respostas, esses trabalhadores acabam saindo de suas casas e procuram outro terreiro para obter esclarecimentos para suas dúvidas.

O conhecimento abre caminho para o discernimento. O adepto poderá avaliar se aquilo que o dirigente realiza nos trabalhos espirituais, rituais etc. está dentro da ética, dos bons costumes e, principalmente, se não vai contra seus princípios e as leis divinas. E para os dirigentes aéticos a melhor forma de controlar uma corrente mediúnica é a desinformação.

Se, por exemplo, aprendi em um curso uma maneira de riscar o ponto, diferente de meu terreiro. Nesse caso, posso falar para o dirigente?

Sabemos que são muitas as Umbandas. Aquilo que um dirigente de um terreiro adota como forma de ritualizar os trabalhos com certeza será diferente de outro. Mas a viga-mestra de todas as Umbandas, independente do elemento de rito, é a ÉTICA, fazer o bem ao outro. A partir desse ponto fundamental se formará a contraparte espiritual do terreiro.

Todo o conhecimento adquirido em relação à liturgia, ao ritual ou a qualquer outro procedimento deverá ser adaptado e respeitado conforme a realidade de seu terreiro.

Reiteramos que o conhecimento adquirido é formador de opiniões e nos leva ao discernimento do que é bom ou ruim para nós e para os outros. Quando o adepto percebe que o dirigente não é portador de caráter, que age às escondidas ou leva a corrente a ter más ações, e o médium não compactua com tais atos, então, está mais do que na hora de tomar outro rumo!

MEDIUNIDADE

A difícil relação entre mentor e médium

Quando Mila entrou na sala onde receberia atendimento, sua cabeça doía muito. Apresentava um aspecto cansado, de noites maldormidas. Sentia dores em todo o corpo. Parecia que carregava o mundo nos ombros. Apresentava um aspecto de leve relaxamento com sua aparência, o que se devia ao imenso mal-estar que sentia. Já fazia alguns dias que estava sentindo-se enjoada e cansada, sem disposição para nada. Desmarcara alguns consulentes porque sentia tão somente vontade de se atirar na cama, no sofá, ou então ficar quieta, olhando para o vazio. Sem vontade e sem forças para reagir. E as vozes, muitas vozes que lhe diziam para ficar em casa, que não precisava buscar nenhum tipo de atendimento, bastavam alguns dias de descanso e tudo iria ficar bem. Ela acreditou porque seus mentores nunca a deixavam na mão. Eram parceiros fiéis. E ela confiava neles. Sempre que necessário, eles estavam com ela, não tinha hora nem lugar. Já havia bastante tempo.

    Resolveu seguir o conselho e se deixou ficar. Atirada. Nem o telefone atendia. Não melhorava. Quando, um belo dia, sentiu fome e foi preparar algo para comer, percebeu que o armário e a geladeira estavam vazios. Não tinha nada em casa e, se quisesse se alimentar, teria que fazer algumas compras. Resolveu sair e buscar algumas coisas no mercado perto de casa. Ajeitou-se um pouco e, quando pegou a carteira, viu que tinha pouco dinheiro. Como não trabalhava já há alguns dias, estava quase sem recursos. Estonteada, saiu e, quando atravessou o portão de casa, a luz do sol atrapalhou sua visão, e algo estranho aconteceu. Não sabia relatar direito o que tinha visto, mas era uma figura estranha que estava parada na calçada. Não conseguiu focar direito pela claridade da rua. Fazia dias que não saía, e ultimamente mantinha a casa fechada. Estranhou, mas mesmo assim atravessou a rua, e quando entrava no mercadinho, uma tontura tomou conta e ela, que estava fraca por não se alimentar direito, caiu batendo a cabeça e machucando os joelhos. Desmaiou por alguns segundos, assustando todos que estavam por ali. Foi socorrida pelos funcionários e, quando acordou, estava sentada numa salinha pequena, para onde fora levada. Olhou ao redor e viu pessoas conhecidas da vizinhança. Uma em especial olhava para ela com um sentimento de compaixão. Ajudou-a a ir para casa e, verificando o estado dela e o da residência, se ofereceu para fazer uma sopa ou algo leve para comer. Preocupada, a senhora foi rapidamente até sua casa e providenciou uma refeição. Mila comeu tudo. Estava com muita fome. Há quantos dias não se alimentava? Ela não sabia dizer. Observando o mau *aspecto que ela apresentava, a vizinha sugeriu um banho, e como era dia de atendimento público na Casa de Religião, ali na outra rua, sugeriu que fossem até lá. Foram, e Mila passou mal o tempo todo, e o desconforto aumentando, com um enorme zumbido nos ouvidos. Enjoo, o estômago revirado. Queria ir embora. Só não ia por consideração com a senhora que a levara até lá.*

Quando foi chamada e entrou na sala onde receberia atendimento, relatou o que estava acontecendo e que achava que estava magiada. Só podia ser. Nada dava certo ultimamente. A vida estava andando para trás. Estava doente e não encontrava a causa. O médico indicara um psiquiatra, pois apresentava sintomas de depressão. E o tratamento não surtia o efeito esperado.

Mila, em seus 32 anos de vida, trabalha como terapeuta, especialista em várias técnicas relaxantes, massoterapia, florais, reiki *e cristais. Atende em sua própria casa, numa salinha modesta que reservou para este fim. Alugar um espaço era inviável, pois custa caro e não sobraria quase nada para seu sustento. Graças a Oxalá, não tem filhos. Então, nos meses minguados e com poucos atendimentos, ela consegue driblar o orçamento e sobreviver modestamente. Vida dura, sem nenhuma folga para uma comprinha extra ou viagem, ainda que curta, para desestressar.*

Foi atendida e, durante o tempo em que ali permaneceu, por várias vezes deu passagem/incorporou. Segundo ela, eram seus mentores. Porém, não percebia que, na realidade, eles pretendiam retirá-la dali, usando expressões grosseiras e palavras cheias de pompa, porém sem coerência nenhuma. Os trabalhadores perceberam que não eram seus mentores, e sim espíritos zombeteiros e brincalhões, sem nenhum comprometimento com a verdade, que se faziam passar por eles. E enchiam seus ouvidos de baboseiras, inflando seu ego com elogios para que acreditasse que eram do bem e que ela era um ser iluminado, especial.

Mila teria que se submeter a um tratamento prolongado na casa que a acolhera. Necessitava estudar sobre mediunidade e receber orientação espiritual, além de ser acompanhada pelos trabalhadores de tempo em tempo para verificar a melhora e o progresso obtido. O mais difícil seria a parte que caberia a ela: esforçar-se para domar o ego que a fazia pensar que era dotada de qualidades especiais, que na realidade não possuía, e que não eram mentores que a acompanhavam, e sim espíritos que zombavam e se beneficiavam da energia dela, quase num processo simbiótico. Teria que aprender a ter disciplina e não permitir que qualquer entidade usasse e abusasse de sua mediunidade, principalmente em lugares não apropriados para tal.

Muitas vezes, alguns terapeutas usam a mediunidade para atender seus consulentes, impressionando-os com frases e ditos de impacto, para torná-los cativos de sua capacidade de cura. E, assim, trabalham em parceria com seus "mentores", que estão a seu dispor durante as 24 horas do dia. Atendem em seus espaços holísticos e de quebra dão passagem/incorporam em qualquer lugar, seja no trabalho, na rua, em casa, nas festinhas de família ou em reuniões de amigos. Sempre que se fizer necessário, estão a postos para o que der e vier. Aplicam passes, dão receitinhas, as mais diversas, para banhos de ervas ou qualquer tipo de conselhos e orientações. Porém, a maioria esquece que mediunidade é coisa séria, para gente séria. E por ter essa característica, necessita de

cuidados especiais por parte daquele que a possui: disciplina, estudo e prática em lugares e casas comprometidas com a divulgação do conhecimento e com a ética.
Eis a melhor terapia.

O que é mediunidade?

Mediunidade é o nome atribuído à capacidade humana que permite a comunicação entre encarnados e desencarnados. Essa faculdade se manifesta em todos os indivíduos de forma mais ou menos intensa, independente de religião, raça ou sexo. Por ser intrínseca ao ser, ela se manifesta em qualquer lugar ou hora. O termo *médium* é usado para aquela pessoa que possui uma sensibilidade especial ou mais intensa, tornando-se canal de comunicação entre o mundo físico e o extrafísico.

Quais são os tipos de mediunidade?

Os tipos mais comuns de mediunidade são os fenômenos de efeitos materiais ou físicos que sensibilizam diretamente os órgãos dos sentidos dos observadores. Podem se apresentar sob várias formas, tais como:

– materialização: de objetos, de espíritos;

– transfiguração: modificação dos traços fisionômicos do próprio médium;

– levitação: erguimento de objetos e/ou pessoas, contrariando a lei da gravidade;

– transporte: entrada e saída de objetos de recintos hermeticamente fechados;

– bilocação ou bicorporiedade: aparecimento do espírito do médium desdobrado sob a forma materializada, em lugar diferente ao do corpo;

– voz direta: vozes dos espíritos que soam pelo ambiente, sem utilizar o aparelho fonador do médium. O espírito se utiliza do ectoplasma e o som sai através de uma garganta ectoplasmática;

– escrita direta: palavras, frases, mensagens, escritas sem a utilização da mão do médium;

– tiptologia: sinais por pancadas, formando palavras e frases inteligentes;

– sematologia: movimento de objetos sem contato físico, traduzindo uma vontade, um sentimento etc.

– mediunidade de efeitos intelectuais: intuição, vidência, audiência, desdobramento, psicometria, psicografia e psicofonia, comumente chamada de mecânica de incorporação.

Quais os tipos de mediunidade mais comuns em terreiro?

Os tipos mais comuns são a mediunidade de efeitos intelectuais, como intuição, vidência, audiência e desdobramento, e principalmente a de incorporação (psicofonia).

Como posso saber se sou médium e de que tipo de mediunidade?

A mediunidade é uma capacidade natural como qualquer um dos cinco sentidos. A pessoa não cria a mediunidade ou se esforça para que aconteça. Ela a possui em maior ou menor grau, ou não. Essa sensibilidade mais afinada ao extrafísico poderá se manifestar em algum momento na vida, sendo diferente de médium para médium. Alguns começam a percebê-la na infância, outros na adolescência ou em idade madura, e esse despertar geralmente ocorre na forma de transtornos psíquico-emocionais. Para saber se tem sensibilidade mediúnica, o indivíduo deve se informar sobre os temas mediunidade e suas manifestações. Numa autoanálise, verificará se se enquadra em alguma classificação, ou, então, se deve conversar com um especialista na área.

Vale salientar que algumas pessoas têm certa sensibilidade e percebem o que ocorre verdadeiramente, enquanto para outras pessoas isso é imperceptível. Porém, só haverá fenômenos mediúnicos quando o sensitivo tornar-se médium, ou seja, passar a ser intermediário entre encarnados e desencarnados e não apenas um observador.

Uma pessoa pode ter vários tipos de mediunidade?

Os chacras e todo o complexo energético do indivíduo vêm preparados para suportar uma demanda de vibrações nesta encarnação. Ou seja, a mediunidade vem como auxílio ao cumprimento do programa de vida, ajudando-o a resgatar o equilíbrio perdido em eras passadas. Quanto mais capacidade mediúnica em conjunto a pessoa tiver, mais comprometimento com as leis divinas ela terá.

Durante a incorporação, a entidade entra realmente no corpo do médium?

Na mecânica de incorporação ou psicofonia o espírito comunicante irá se ligar ao médium através de uma espécie de acoplamento dos respectivos corpos astrais na faixa da aura, se interpenetrando. A entidade não se apossa ou não entra no corpo do médium, desalojando-o como muitos pensam.

O que ocorre é uma ligação nos chacras – terminais energéticos – como se fossem um *plug* de eletricidade que se liga na tomada. Com a aproximação e a ligação, o médium libera o acesso aos comandos mentais (cerebrais) para que a entidade possa se manifestar plenamente. Com o acoplamento, o espírito comunicante passa a se utilizar dos instrumentos cedidos pelo médium para se movimentar, falar e expressar suas ideias e emoções.

Como se dá esse acoplamento?

Para melhor compreensão, utilizaremos como exemplo um desenvolvimento mediúnico.

Vamos supor que um caboclo se aproxima do médium neófito com a intenção de se apresentar e se manifestar. Ao se aproximar, a entidade influencia o corpo astral do médium para que haja um desdobramento, facilitando o transe. Esse desdobramento é um afastamento parcial do corpo astral do médium, diferente de uma experiência fora do corpo, em que o corpo astral da pessoa sai totalmente, como acontece quando dormimos.

O afastamento parcial se dá em poucos centímetros, deixando um espaço livre para que o corpo astral da entidade possa ocupar o espaço então liberado. Podemos dizer que seria uma justaposição de auras e, principalmente, dos cérebros da entidade e do médium.

Com o desdobramento, grande parte da consciência do médium se desloca juntamente com seu corpo astral, mas ele ainda mantém o controle da situação graças a sua ligação com o corpo físico através do cordão prateado.

Há outras maneiras de facilitar o transe?

A Umbanda se utiliza do rito que aquieta a mente e dos pontos cantados que preparam e induzem ao transe. As cantigas ou pontos cantados, juntamente com o som dos atabaques, são grandes influenciadores, provocando no medianeiro um estado de êxtase que é bem administrado pelas entidades, que aproveitam o momento de relaxamento mental do medianeiro para se acoplar, completando o transe.

E a classificação de mediunidade inconsciente, semiconsciente e consciente?

A classificação de inconsciência e consciência se justifica pelo espaço livre deixado pelo corpo astral do médium para a entidade, no momento do desdobramento. O que irá graduar o tipo de manifestação será a maior ou menor ocupação do espaço pela entidade, levando-a a reter parcialmente ou não as lembranças da incorporação.

Em algumas formas de incorporação o espírito manifestante induz o médium a falar. Ele recebe, por pensamento, a mensagem da entidade e a converte com suas próprias palavras. Este é o modelo de manifestação consciente em que há plena participação do médium. No caso da mediunidade semiconsciente, a entidade se apossa mais amplamente dos controles mentais do médium, de tal maneira que ela (entidade) fala ou age como se o corpo fosse seu. O médium continua a participar do processo da manifestação, sem, contudo, poder interromper ou mudar o fluxo das ideias que circulam pelo seu psiquismo. Essa participação sem interferência do médium acontece porque grande parte de sua consciência se desloca, quando o corpo astral se afasta, cedendo espaço à entidade manifestante. Ao final dos trabalhos mediúnicos, o médium pouco lembrará ou recordará apenas fragmentos dos atendimentos.

A manifestação inconsciente, expressão inadequada, a nosso ver, porque o médium não mergulha numa inconsciência, acontece num transe mais profundo. Nesse caso, o espaço cedido à entidade manifestante (desdobramento) será bem maior. O corpo astral do médium se afasta bem mais de seu corpo físico. Esse maior afastamento faz com que ele desperte do transe sem se lembrar do que ocorreu ou do que disse enquanto estava sob o controle da entidade, porém não mergulha numa inconsciência, porque o afastamento não foi total, como ocorre na experiência fora do corpo.

Esse último tipo de manifestação está cada vez mais raro. Atualmente, a Espiritualidade Maior exige a participação consciente de seus médiuns para o aprendizado.

Pode acontecer de a pessoa ficar incorporada por horas e horas e não lembrar nada?

Para que possa haver uma incorporação ou transe mediúnico, é necessário que ocorra um desdobramento.

Quando o médium não lembra absolutamente nada do que foi dito ou realizado por horas, classificaríamos como transe profundo, ou seja, houve um grande afastamento do corpo astral do médium, cedendo lugar para a entidade. Sabemos, por experiência própria, estudos e relatos, que dificilmente isso ocorre. O médium fica em transe por um tempo relativamente pequeno, sem inconsciência, ou seja, lembra-se do que se passou, mesmo negando tal fato. O que ocorre é um transe significativo por necessidade do momento, e depois diminui a ação da entidade, podendo passar para uma irradiação. A entidade se afasta, mas não desampara seu aparelho, fica irradiando e intuindo naquilo que é essencial, oportunizando a participação do medianeiro no trabalho.

Por ser a mediunidade intrínseca ao ser, podemos manifestá-la em qualquer momento ou local?

O médium está constantemente em contato com o mundo oculto e para ter um controle maior de sua mediunidade é necessário educar o fenômeno. Exercitando, estudando e se educando, o medianeiro limitará este relacionamento extrafísico para que ocorra somente em locais e dias determinados, conforme o templo que frequenta, e não a todo momento, sem nenhuma disciplina. Lembrando que o médium é canal para a espiritualidade em geral, o relacionamento se dará com espíritos benfazejos como também com espíritos de má índole, gozadores, fanfarrões, sofredores e obsessores. Os espíritos benfazejos gostam de disciplina e a praticam. Eles conhecem a rotina de vida do médium e a respeitam, enquanto os do segundo grupo vivem e atuam totalmente fora dos padrões normais de educação, sem disciplina e sem ética. Quando o médium aceita a interferência de desencarnados a qualquer hora ou lugar, estará permitindo que qualquer espírito entre em sua casa mental e faça o que quiser. Com o tempo, esse médium angariará obsessões de diversos graus, podendo chegar a uma fascinação, desequilibrando todo o complexo psíquico-físico-emocional.

Por que não devemos incorporar em casa?

O terreiro ou casa espiritualista está preparado pela Espiritualidade Maior para a tarefa de caridade e para conter toda demanda que chega dos consulentes. Possui as tronqueiras, que são potentes campos de forças que guarnecem o espaço físico e etérico de terreiro, onde os Exus se apoiam para realizar seu trabalho junto aos médiuns. Esses campos de forças funcionam como barreiras eletromagnéticas protegendo e recolhendo os desencarnados que chegam acompanhando os encarnados. Podemos dizer que a tronqueira, juntamente com a Casa das Almas ou Cruzeiro das Almas, é um posto de triagem espiritual que encaminha os desencarnados para os devidos locais de merecimento.

Outro assentamento é o congá, ponto de força que tem como função aglutinar, potencializar, atrair, distribuir, condensar e escoar todas as energias negativas e positivas que chegam ao terreiro através dos consulentes e dos médiuns. É neste assentamento vibratório que as entidades guias se apoiam e se rebaixam vibratoriamente para se acostar em seus médiuns e realizar a caridade.

Diferente do terreiro, uma residência não possui pontos de forças, talvez um pequeno oratório, porém este altar não tem a função do congá de um terreiro. Por ser um ambiente profano e que não está preparado espiritualmente para a lide mediúnica, torna-se nocivo para as pessoas que lá vivem praticar o intercâmbio mediúnico. Não há um rito que discipline a manifestação. Não há organização e amparo legítimo de uma egrégora; assim, qualquer espírito poderá se apropriar do mediador imprudente utilizando indevidamente o nome de uma entidade de Umbanda, enganando a todos. Com o tempo, este lar ficará vibrado em energias doentias e seus moradores com diversos graus de transtornos psíquico-emocionais, consequência do intercâmbio com espíritos de baixa vibração.

Como acontece a relação entre mediunidade e espiritualidade?
Somos espíritos presos a um corpo denso. Os cinco sentidos nos ajudam a ter uma vida plena no plano material/físico, onde somos bastante hábeis. Quando, por meio da mediunidade, nos relacionamos com o mundo extrafísico, ingressamos "parcialmente" num mundo desconhecido ou esquecido por nós. Esquecido, porque viemos, ao nascer do plano extrafísico, mas as lembranças foram cobertas pelo "véu de Ísis". Ingressamos parcialmente, porque os cinco sentidos estão adaptados para o plano físico, e quando a mediunidade se apresenta ferindo esses sentidos, forçando-os a captarem as sensações e mensagens do Além, o médium fica limitado pela própria capacidade mediúnica, que se prende apenas em um ponto, não conseguindo ter uma completa noção da situação

que está sendo apresentada. Ele entra no "mundo dos mortos" como se estivesse com vendas nos olhos; suas percepções são limitadas, apenas tateia no mundo oculto.

O médium ouve sons do "lado de lá"; vê imagens; recebe pensamentos de outros espíritos; por momentos desloca-se no plano Astral; recebe mensagens escritas e permite que outro espírito se apose de seus corpos etéreos, mas somente conseguirá identificar com que tipo de espírito está se relacionando, ou em que região se encontra no mundo extrafísico, pela vibração.

É sentindo a vibração que poderemos classificar o espírito ou local como bom ou ruim.

Então o cartão de identidade dos espíritos é a vibração?

A educação mediúnica ou o desenvolvimento mediúnico levam o médium neófito a aprender a identificar seus amigos espirituais através da vibração, por sinais específicos ou características que a entidade apresenta, como se fosse uma senha. Identificando a vibração e os sinais, o médium autoriza a manifestação; caso contrário, saberá que um espírito estranho a ele está querendo se comunicar.

E se acontecer uma mistificação, ou seja, um espírito passar por outro?

Por isso a necessidade do estudo e da experimentação. Somente com o exercício mediúnico reconheceremos a vibração. As características ou sinais da entidade são marcantes para o médium, mesmo sendo sutis e imperceptíveis ao observador. No caso das entidades da Umbanda, por exemplo, o caboclo de um médium terá sempre uma marca única, mesmo tendo uma manifestação semelhante à de outro caboclo. O espírito mistificador poderá até reproduzi-la, porém não conseguirá firmar a vibração.

Cada entidade que trabalha com um médium tem uma característica especial de se apresentar: um arrepio na nuca ou em um dos lados do rosto; a aceleração dos batimentos do coração; uma tremura na perna, e outras mais. Cabe ao médium perceber os sinais que complementarão a "senha" com a vibração do espírito comunicante.

Espíritos benfazejos têm vibração mais sutil, harmoniosa, pois vibram no amor e na paz, enquanto os espíritos mistificadores têm vibração mais densa, trazendo desconforto.

E se for uma vibração estranha, mas boa, como devemos proceder?

Presumimos que este fato está acontecendo no terreiro, pois manifestações mediúnicas fora da proteção do terreiro ou da casa espiritualista não são nada salutares. Na realidade, o médium não possui um número fixo de entidades que compõem sua banda. Há um guia, mentor ou espírito responsável por sua caminhada mediúnica. Esse guia é um ancestral, um espírito amigo de muitas vidas.

Nos períodos entre as encarnações, firmaram compromisso em que ambos, guia e médium, trabalhariam juntos e cresceriam espiritualmente, cada um em seu plano, mas com o mesmo ideal.

Essa ancestralidade determinará vibrações afins, oportunizando a aproximação de outras entidades que se apresentarão com o tempo. E quando acontecer, devemos verificar a vibração do espírito que se achega. Vibrações que transmitem sensações ruins e que levam o aparelho ao desequilíbrio, tais como choro de tristeza ou de sofrimento; dores estomacais, dores de cabeça ou no corpo; raiva ou sentimento de vingança, por exemplo, são sinais da aproximação de espíritos em sofrimento ou de má índole que deverão ser encaminhados, sempre sob o olhar vigilante do dirigente. Ao contrário, mesmo sendo uma vibração diferente, desconhecida do médium, mas que não transmita desconforto físico, nem transtorno emocional, o médium se sente bem, em paz; deve liberar sua casa mental e os sentidos a esta "nova" entidade e deixá-la trabalhar. Na dúvida, conversar e tirar suas dúvidas com o dirigente ou mães/pais pequenos.

Percebo que estou mediunizado, mas escuto e lembro tudo. Isso é normal ou mistificação?

Estamos entrando na era da parceria com a espiritualidade. A mediunidade consciente vem para auxiliar, de uma maneira mais rápida, a ascensão do medianeiro. O guia ou o protetor não foi embora, nos deixando a sós, como muitas vezes achamos. Apenas se afastou para podermos apresentar o conhecimento que adquirimos nesta encarnação e em outras, compartilhando com aqueles que precisam de ajuda. Isso é normal.

O que não devemos fazer é fingir estar mediunizados. Quando temos intenção de mostrar que estamos em transe sem estar verdadeiramente, então isso é mistificação.

O que devemos fazer para ter uma boa sintonia com nossos guias?

Praticar a caridade por meio da mediunidade algumas horas por semana.

O modo como agimos e pensamos em momentos em que não temos compromisso com a casa influenciará na sintonia com os guias. Por isso, devemos estar em estado de permanente vigilância, praticando o "orai e vigiai" ensinados por Jesus. Ter disciplina, firmar o pensamento positivo, fugir de situações que provocam desarmonia emocional, tentar resolver as questões difíceis da vida com equilíbrio, serenidade e cabeça fria são diretrizes de segurança do médium.

Desenvolvido e fortalecido, este modo de viver refletirá nos dias de trabalho mediúnico. Este correto proceder, firmado no dia a dia, não permitirá a manifestação de espíritos fanfarrões ou mistificadores que queiram fazer tudo quanto lhes venha à cabeça, quando o médium estiver no terreiro.

Como somos regidos pela lei de sintonia, espíritos em estado de perturbação encontrarão guarida em médiuns dominados por ações indisciplinadas, condições propícias para que possam se manifestar.

Conclusões sobre o caso Mila

Mila é a típica médium indisciplinada que dá ouvidos a qualquer espírito. A falta de educação mediúnica e o desinteresse ao estudo sobre temas que envolvem a espiritualidade estão bem claros neste caso.

Acreditando ser seu guia e protetor, Mila escancarou sua casa mental, deixando que espíritos galhofeiros bagunçassem sua vida vampirizando suas energias. Com isso, angariou um sério processo de fascinação. A fascinação é uma ilusão criada pelo espírito que chega a paralisar a capacidade de discernimento do médium, que passa a aceitar todo tipo de comunicação e fica convencido da veracidade dos autores: "seus mentores". O mistificador consegue inspirar confiança, impedindo o médium de ver e compreender que as mensagens são desprovidas de conteúdo e, em sua grande maioria, se posicionam de forma duvidosa e contra o evangelho de Jesus.

Com dores pelo corpo, apatia, desânimo e querendo ficar em locais escuros, Mila teve um lampejo de lucidez e resolveu sair para comprar algo para comer. Era a oportunidade que seu Exu-guardião esperava, pois não poderia ir contra as escolhas de sua pupila, que eram satisfazer os desejos daqueles espíritos, porque, no entender de Mila, eles eram seus guias.

Aproveitando sua saída da casa, "seu" Exu-guardião provocou o desmaio, chamando a atenção daquela boa senhora que serviu de instrumento pela Espiritualidade Maior para levá-la a uma Casa de Axé e iniciar um tratamento de desobsessão.

São muito sérios os casos de médiuns que não trabalham em terreiro, centro ou casa espiritualista e se envolvem com terapias alternativas se utilizando da mediunidade. Quando o terapeuta acessa os corpos energéticos do consulente, entra em seus campos energéticos. Se não há um entendimento sobre a espiritualidade e suas leis, atrai para si as demandas que vieram com seus assistidos, inclusive obsessores e sofredores.

Muitos acreditam que seus guias e mentores estarão a todo momento dando guarida a suas imprudências. Sabemos que mentores e tarefeiros estão conosco apenas durante os horários de trabalho estabelecidos e não se colocam a nossa disposição durante as vinte e quatro horas do dia. Acompanham-nos em nossas tarefas durante nosso trabalho e vida profana, orientando e amparando, mas não se prestam a alimentar nossos caprichos e vontades. Afastam-se quando nos desviamos e passamos a tratá-los como nossos oráculos particulares, exigindo que respondam a todos os nossos devaneios, usando-os para impressionar aqueles que de nós se aproximam.

ANIMISMO E MISTIFICAÇÃO

Geni: animismo ou mistificação

A Casa de Caridade Umbandista Guia da Luz fica num ponto estratégico de uma cidadezinha interiorana lá para os lados do Centro-Oeste do Brasil, este país tão rico em raças, culturas e religiosidade. E se transformou num ponto de encontro dos habitantes locais e de outras cidadezinhas dos arredores. Todos se conheciam e a Casa de Caridade era um polo de informações e acontecimentos, onde se trocavam ideias e se discutiam os mais variados assuntos e interesses. Claro que era muito bem frequentada até pelas autoridades locais, algumas em busca de alguma coisa qualquer, como angariar simpatias para projetos, inaugurações, quermesses e – por que não? – votos.

Geni se apresentou no terreiro da Guia da Luz para fazer parte do grupo de aspirantes a médium, pois já tinha conquistado uma das premissas, que era frequentar a casa por no mínimo um ano como parte da assistência, nas giras de caridade pública, e tão logo abriram as inscrições, ela se apresentou, queria fazer parte do grupo e desenvolver a mediunidade que, pelo que apregoava, era muito forte. Depois de passar pelas entrevistas preliminares, iniciou o período de aprendizado e conhecimento das regras vigentes, direitos e deveres dos médiuns, recepção ao público, limpeza e manutenção do templo, que era de responsabilidade de todos. Deveria também ter assiduidade e frequentar as aulas e palestras que eram dirigidas ao grupo para aprendizado, autoconhecimento e educação mediúnica. Diga-se de passagem, era uma rotina puxada, que exigia bastante dos integrantes daquele grupo que se dedicava ao estudo e à prática mediúnica. Entretanto, como somente com o tempo e a compreensão das leis que regem a vida vamos adquirindo sabedoria e discernimento, nem todos conseguem acompanhar a rotina de compromissos com que se deparam nas lides mediúnicas.

Tudo transcorria bem, até que Geni, nos dias de desenvolvimento mediúnico, quando entrava em transe/incorporava/dava passagem, saía a rodopiar e a gesticular excessivamente, dando tabefes e empurrões em todos que estivessem próximos, como se o espaço sagrado do abassá fosse somente para ela. Quando advertida de que deveria ser mais moderada e não se sacudir tanto, inclusive para não cair e se machucar, ficava contrariada, pois achava que sua incorporação era mais forte inclusive que a da mãe de santo. Não respeitava e nem sequer registrava os conselhos que lhe eram dados pelos mais velhos, responsáveis pelo acompanhamento dos novatos.

O tempo foi passando e, em torno de seis meses que frequentava o espaço religioso, ela decidiu por conta e risco que já estava mais do que na hora de começar a transmitir as mensagens que lhe eram enviadas pelos mentores e guias. Aliás, todos de primeiríssima linha e com nomes para lá de conhecidos. Nenhum Zé, nenhum João, nenhuma Mãe Preta. Só letrados e ilustres. Porém, o que começou a despertar a atenção dos dirigentes da casa foi a qualidade e o teor das mensagens. A maioria não tinha pé nem cabeça ou era destituída de maior profundidade sobre os assuntos abordados. Temas banais e cotidianos, desprovidos de interesse geral para aquela comunidade religiosa.

Geni não percebeu que estava sendo observada, nem que as mensagens e manifestações eram analisadas, e um belo dia, quando entrou em um transe profundamente espalhafatoso e lascou uma mensagem do "seu mentor", aconselhou que o grupo deveria votar na pessoa do "seu cavalo", que estava concorrendo a vereança, e era uma cidadã voltada aos interesses da comunidade e altamente comprometida com o bem-estar das minorias. Ainda continuou por mais um tempo com toda aquela baboseira sem pé nem cabeça e, quando desincorporou, disse que não se lembrava de nada. E ainda perguntou o que tinha acontecido. Foi tão grande o disparate que, naquela mesma noite, foi chamada para ter uma conversa muito séria com a dirigente da Casa, que lhe exigiu explicações sobre seu comportamento. Geni, com ares de "nada sei, nada vi", resvalou, escorregou o mais que pôde e não disse nada com nada, jurando que eram palavras de seus mentores e que não lembrava, pois tinha tido uma incorporação "muito forte".

A partir desse episódio, ela passou a ser monitorada mais de perto e descobriu-se, em conversa com outros trabalhadores, que ela distribuía "santinhos" de propaganda política com o número com que concorria ao cargo de vereadora nas eleições que se aproximavam. E isso tanto para o público assistente como para os trabalhadores, assim mesmo, na maior cara de pau. Na verdade, ela estava ali apenas para isso, porque era um ponto de encontro de muitas pessoas da comunidade e de comunidades próximas. Ela não tinha nenhum interesse real em desenvolver o que quer que fosse, muito menos princípios morais ou educativos. Nos encontros de desenvolvimento e educação mediúnica, usava e abusava do animismo, não que este seja prejudicial, uma vez que toda manifestação mediúnica tem um tanto de animismo, que é a bagagem de conhecimentos pretéritos do médium que vêm à tona para ajudá-lo na compreensão da mensagem que lhe é transmitida e no ato de se fazer entender por aqueles a quem está se dirigindo. A parceria anímico-mediúnica faz parte do dia a dia dos médiuns em trabalho de intercâmbio com a espiritualidade. Porém, sua real intenção era ampliar sua rede de influência e amizades para se tornar mais conhecida e vencer as eleições municipais com o cargo de seu interesse.

Desmascarada, foi convidada a se retirar. Saiu contrariada, dizendo que aquelas pessoas a estavam tratando mal e despedindo-a porque era portadora de uma grande mediunidade, e que a mãe de santo local estava era com medo de que ela, por ser mais capaz, assumisse seu lugar na Casa de Caridade.

O que é animismo?

A palavra animismo vem do latim *animus*, que significa "alma, vida". O animismo faz parte do contexto da mediunidade; é a manifestação da alma do médium nas comunicações dos desencarnados.

O papel do médium é ser o intermediário entre os mundos físico e extrafísico; entretanto, essa intermediação não é passiva ou sem ação, como se o medianeiro fosse um objeto que somente transmite aquilo que recebe, por mais que o médium queira ou tente ser. Bem ao contrário, ele é um ser pensante, dotado de livre-arbítrio, inteligência e moral, possui uma história com derrotas, vitórias e conhecimentos que adquiriu ao longo de sua existência. A todos esses fatores, e outros mais, o médium, naturalmente, ao receber uma mensagem do Além, seja na forma de psicografia ou psicofonia, acaba "retocando", ou seja, colocando um pouco de si.

O que seria "colocar um pouco de si"?

Não há fenômeno puramente mediúnico, dado termos consciência ou semiconsciência mediúnica. O médium, ao receber o pensamento da entidade, decodifica-o e repassa-o em linguagem articulada, com suas próprias palavras. Em sua origem, a mensagem em linguagem-pensamento era, por exemplo, de puro amor e, ao transmiti-la, o medianeiro pode expressá-la com mais severidade ou autoridade. Percebe-se que, ao repassar a mensagem, a comunicação sofre alguma alteração, porque não há fenômeno mediúnico sem participação anímica.

Ser anímico é bom ou ruim?
Como o animismo vem da alma e não se pode excluir algo que é do próprio encarnado, não se pode classificá-lo como bom ou ruim, mas sim controlá-lo ou conduzi-lo para que o médium seja mais ou menos anímico conforme a necessidade do momento.

Poderia explicar melhor o porquê da necessidade do momento para o médium ser mais ou menos anímico?
O grau de animismo depende se ele for acompanhado ou não do componente mediúnico. Tomemos, por exemplo, um médium atuando sem este componente, em um trabalho de desobsessão com a técnica de apometria: o médium em desdobramento consciente é projetado, pela contagem lenta de pulsos energéticos, à residência do consulente para relatar ao grupo o que está vendo, sentindo ou percebendo. Após breve observação, repassa as informações. A descrição se dá através daquilo que ele percebe embasado no conhecimento que adquiriu por meio de estudos sobre espiritualidade, energia etc. Então, relata o que viu: tipos vibratórios de desencarnados que se encontram naquele lar, formas-pensamentos, miasmas, campos de magia, e quais foram suas sensações frente às energias com as quais se deparou. Este relato é classificado como fenômeno anímico puro.

Se um médium, neste mesmo trabalho de desobsessão, incorporar um sofredor que está ligado ao consulente, sentirá as dores, a aflição e o trauma do espírito. Ele expressará seu sentimento de tristeza, raiva e dor, transmitindo da maneira mais fiel possível essas impressões. Por ser um fenômeno mediúnico-anímico, o médium, por ressonância interna, poderá ou não intensificar o sofrimento na manifestação.

Se não há fenômeno mediúnico puro, como se explica a incorporação do Guia no terreiro?
Os caboclos, pretos velhos, baianos, exus, trabalhadores do mundo extrafísico, necessitam dos cinco sentidos do encarnado para poderem se manifestar no plano físico. A união dos corpos energéticos do espírito comunicante com o do medianeiro possibilita o acesso da entidade aos sentidos através do sistema nervoso do encarnado. Com essa união, o Guia ou o Protetor se valerá do manancial armazenado no inconsciente do médium, que estará a sua disposição, para decodificar e transmitir a mensagem que recebeu na linguagem-pensamento, sendo esta repassada pelo médium na linguagem articulada. A interpretação da mensagem, assim como o gestual da manifestação, terá uma quota do próprio medianeiro, e pode ser perceptível ou não a ele.

Então, o médium em um aconselhamento na engira não é totalmente fiel à mensagem do Guia?
O médium deve ser sempre fiel na transmissão do pensamento da entidade manifestada, no intuito de não

querer enganar aqueles que o ouvem, desenvolvendo uma mensagem com teor diferente do que foi orientado, via pensamento, pelo espírito comunicante. Se houver mudança no teor da mensagem denotando má intenção, classificaremos este caso como mistificação.

Exemplifique uma interferência anímica positiva nos aconselhamentos de terreiro.

A mediunidade inconsciente está desaparecendo. Atualmente, os médiuns são conscientes e participam ativamente junto com as entidades. O consulente queixa-se de sua vida à entidade manifestada que o está atendendo. Ele relata que resolve um problema e logo após se depara com outro e não encontra a paz tão desejada.

O preto velho, em uma visão mais ampla, sem a pessoa relatar, sabe que o consulente se vale de "trabalhos" espirituais para resolver as dificuldades, sem nenhum resultado para a solução das mesmas. Assim, a entidade se vale dos conhecimentos que o médium adquiriu com leituras e estudos, enviando ao "aparelho" pensamentos sobre as leis de sintonia, ação e reação e a necessidade de mudança de postura. O medianeiro acessa as informações que estão guardadas em seu inconsciente e transmite a mensagem ao consulente, com suas palavras, sem que esta perca seu teor original.

Exemplifique um caso em que o médium não é fiel na transmissão das mensagens das entidades.

O consulente, por estar à frente de um médium homem, fica à vontade para desabafar e se queixar da ausência de companheirismo, brigas e falta de carinhos mais íntimos por parte da esposa, fato que o leva a procurar afeto fora do lar. O caboclo, na linguagem do pensamento, emite ao médium mensagem para que o consulente dialogue com a parceira, tenha compreensão, paciência, amorosidade que deverá ser interpretada e repassada através das palavras do mesmo. Porém, se o médium for um homem leviano, orienta-o a fazer um "trabalhinho" de fácil realização para acalmar e adoçar a esposa, dispensando as orientações do Guia.

O caráter do médium e seu modo de agir no dia a dia refletem muito em sua mediunidade. As entidades que trabalham com ele não estão preocupadas se é mais ou menos anímico. Para elas, o que vale é o caráter, a formação moral de seu pupilo. O esforço que faz para criar condições adequadas de comportamento será determinante na sintonia e transmissão das mensagens que vêm do Plano Espiritual. Se houver má intenção no proceder, ou o médium distorceu o conteúdo, se fazendo passar pela entidade, teremos então um caso de mistificação.

Considerações finais sobre o animismo em médiuns umbandistas.

O fenômeno anímico designa a intervenção da própria personalidade do médium nas comunicações, colocando algo de si mesmo nas mensagens transmitidas do plano extrafísico.

Quando médium e entidade têm afinidade, por laços intelectuais, morais e de caráter, mais fáceis, afinadas e fiéis serão as comunicações.

O modo de viver do médium e suas atitudes diárias influenciam definitivamente na qualidade da transmissão das mensagens, seja para o bem ou para o mal. Por isso, a Umbanda chama a atenção de seus adeptos para a necessidade da reforma interna.

Para o médium iniciante, mas também para aqueles que já estão na caminhada mediúnica, aconselhamos a não se questionarem sobre serem ou não anímicos, porque o animismo está contido na manifestação. Todos os médiuns passam por um período de insegurança, e somente o tempo de trabalho e parceria no mediunismo fará com que adquiram confiança em suas faculdades.

Assim, durante a incorporação, é preciso fechar os olhos para o externo. A visualização do que está ocorrendo ao redor do médium leva-o a uma distração e ao descuido quanto à sintonia com as entidades. Por isso, ficar de olhos fechados nas incorporações incita o médium a olhar para dentro de si, sentir a aproximação das mesmas, captar sua vibração, deixar-se envolver. Essas são algumas das etapas que compõem o processo mediúnico, cujo resultado trará maior segurança ao trabalhador.

No momento da orientação junto ao consulente, é necessário desligar-se dos problemas, deixar a entidade tomar conta da mente. O médium reconhecerá que está consciente, mas seus pensamentos se mantêm sob o controle de seu guia, que possui o completo domínio da sua psiquê. Portanto, não haverá tempo para formular frases, ou seja, raciocinar. O pensamento da entidade é dinâmico, assim como a transmissão através da palavra falada. Não haverá tempo para pensar no que falar ou em como agir. Devemos apenas ter confiança!

Os guias, com o tempo do exercício mediúnico, nos deixarão sozinhos nas orientações. O espírito protetor se afastará o suficiente para que possamos orientar sem seu toque fluídico, e teremos a convicção plena de que estamos sob sua ação. Este é um caminho natural. O médium dividirá seu conhecimento, seus dons intelectuais e morais com aqueles que deles necessitarem. Assim se completa um trabalho mediúnico de parceria, em que ambos cooperam e crescem.

Fale sobre mistificação do médium.
Salientamos que a ligação fluídica entre entidade e médium se completa pelo sentimento compactuado ou intenção de propósitos. Por estar em plano diferente, a entidade protetora necessitará rebaixar sua vibração, enquanto o médium deverá elevá-la, completando assim o ajustamento fluídico.

Quando há uma distorção no teor da mensagem, tornando-a inadequada ao propósito, ou a intenção do médium é diferente da do Guia ou Protetor, este se afasta, por ter mudado a vibração do medianeiro, deixando-o sozinho. Percebendo que não está mais sob amparo do Guia, e mesmo assim continuando a agir como se ele ainda estivesse no comando, engambelando propositalmente os consulentes e demais pessoas, o resultado será uma mistificação.

MEDIUNIDADE E TRANSTORNOS MENTAIS

Dinho e o terreiro

A Casa da Piedade era muito conhecida na pequena cidade do interior do Paraná. Um templo humilde e discreto como Mãe Bentinha, uma mulata forte, bonita em sua madureza, evidenciada pelos cabelos quase totalmente brancos, enrolados em tranças fartas. Saúde de ferro e uma disposição de fazer inveja aos filhos mais novos daquela corrente. Ali se praticava uma das tantas Umbandas deste imenso Brasil. Umbanda que seguia as diretrizes do Caboclo das Sete Encruzilhadas. Apesar da singeleza da casa, o grupo mediúnico compunha-se de 14 médiuns, e Mãe Bentinha recebia a todos com verdadeiro amor, fossem consulentes, necessitados ou membros do grupo. Tratava a todos como seus filhos diletos. Mas dedicava um tempo especial carregado de compaixão pelos novos adeptos, que chegavam apresentando os mais variados transtornos, típicos de pessoas portadoras de faculdades mediúnicas, mas que não sabiam do que se tratava, uns não queriam aceitar e outros estavam completamente sem orientação de qualquer tipo. Sem contar aqueles que nunca tinham lido ou ouvido falar sobre a espiritualidade e seu inter-relacionamento com o plano material. Muitos não tinham nenhum tipo de acesso a informações sobre o assunto. Mesmo assim, ela atendia a todos e, embora tivesse parcos estudos, era dona de uma sabedoria imensa, fruto de aquisições milenares, somadas à parceria inquebrantável com seus guias e protetores, que a ajudavam na tarefa de ensinar e repassar conhecimentos, ainda que na mais pura simplicidade.

Numa noite de atendimento público, enquanto a engira corria e os consulentes recebiam o passe reconfortante e conversavam com as entidades vibradas em seus médiuns, Mãe Bentinha teve sua atenção voltada para um homem jovem que estava de cabeça baixa e arqueado, em visível sofrimento. Ficou observando e resolveu pedir ao cambono que o encaminhasse até ela. E assim foi feito. Ele chegou, sentou-se a seus pés e disse que se chamava Dinho. Desandou num choro de cortar o coração dos mais durões e empedernidos. Contou, contou e contou tudo que lhe passava pela alma, sua infância, adolescência, um lar onde o pai era opressor e não mantinha boas relações com os filhos. Somente cobranças, cobranças e mais cobranças. Nunca um abraço. Nunca um consolo. Jamais um carinho, um afago. A mãe, coitada, fazia o que podia, pois era totalmente dominada pelo marido despótico. Na rua e no trabalho, o pai era um amor de pessoa, educado e afável. Seguia a carreira militar e trazia a disciplina férrea para dentro de casa. Seus pequenos *filhotes viviam no maior cortado, sem nunca ouvir um elogio, um incentivo. O pai não queria filhos medíocres, queria portadores de caráter de ferro como o dele, para dar continuidade à fama de homens a serviço da pátria. E Dinho cresceu totalmente despreparado para o que quer que fosse. Sem receber um tratamento adequado na infância e juventude, desenvolveu vários traumas, como baixa autoestima e bipolaridade. Ao tentar seguir a carreira paterna, que não era o que sua alma desejava, mas queria agradar o pai para ser ao menos considerado, começou a apresentar sintomas de esquizofrenia. Ouvia vozes e, tendo uma sensibilidade à flor da pele, sentia-se perseguido por tudo e por todos. Recebeu licença para tratamento psicoterápico e foi constatado que não poderia mais voltar ao trabalho. Aposentado precocemente, não sabia o que fazer de sua vida. Chorava muito e escondido, porque homem não chora. Agora casado e com filhos, não queria repetir o mesmo comportamento a que fora submetido quando pequeno. Suas lembranças eram muito dolorosas e sua personalidade, confusa. Mediunidade deseducada e remédios. Muitos remédios. O que fazer, minha mãe? Ajude-me, por favor!*

Mãe Bentinha ajudou. Dinho passou a fazer parte da corrente. Com o tempo, revelou problemas em aceitar ordens e conselhos de quem quer que fosse. Demonstrou ser indisciplinado mediunicamente, não respeitando as regras da casa e moldando-as a seu bel-prazer. Dava passagem para "seus guias" em casa ou em qualquer lugar, atendendo e dando consultas fora do local apropriado, que é o terreiro, que possui a devida proteção por parte dos verdadeiros trabalhadores e protetores do astral. Quando advertido, escutava, mas entrava por um ouvido e saía pelo outro. Nem registrava. Abraçava as consulentes por tempo prolongado, segurava suas mãos demoradamente, falava com elas encostado e sussurrando em seus ouvidos, como se tais atos fossem muito naturais e necessários. Advertido, não dava atenção. Comprometia-se com a corrente em determinados dias e não aparecia. Não cumpria a parte que lhe cabia, causando transtorno e sobrecarga de trabalho em seus pares. E ainda, sorrateiramente, tentava desqualificar as instruções de Mãe Bentinha, que, segundo ele, eram muito simplórias, para gente sem instrução, "pro povinho". Corrompeu outros colegas de corrente, que começaram a ficar descontentes. Foi chamado e advertido, e então teve a reação mais inesperada, nunca sequer imaginada. Olhou bem nos olhos daquela que lhe acolhera e disse alto e bom som:

– Mãe Bentinha! Estou saindo da casa, agradeço por me acolher. Acontece que meus guias disseram que devo abrir uma terreira. E é o que vou fazer. Já tomei minha decisão. Minha família está de acordo.

E foi embora sem ao menos dar um abraço naquela que o acolhera em seus dias de desequilíbrio e angústia.

Mãe Bentinha escutou tudo em silêncio absoluto. Não disse uma palavra. E quando ele virou as costas sem se despedir, ela levou os olhos ao Alto e rogou a Pai Xangô que pusesse juízo na cabeça do rapaz. Que as pedras rolassem de tal modo que o protegessem dele mesmo. A Oxalá, para iluminar a estrada e abrir os olhos para todo desvio de conduta. A Seu Ogum, para que com ferro e vontade não abrisse nenhuma estrada para praticar atos ilícitos em nome dos Orixás.

Todas as pessoas são médiuns?
Todos nós temos sensibilidade ao mundo extrafísico. Algumas pessoas apresentam uma sensibilidade mais intensa; seus sentidos ultrapassam o mundo físico, podendo perceber odores, ver, ouvir e sentir coisas do outro plano, enquanto outras sentem apenas arrepios. Portanto, esta capacidade que a alma tem de captar outras energias de natureza não física vibra em cada um em graus diferentes.

Poderíeis citar alguns transtornos que identificam a pessoa como sendo portadora de faculdades mediúnicas?
Quando a mediunidade começa a desabrochar, se desprende do complexo energético do médium uma irradiação fluídico-nervosa de certo brilho. Essa irradiação atrai espíritos desencarnados em desequilíbrio em diversos graus, como sofredores que se sentem aconchegados, confortados e aliviados de suas dores; desencarnados que não percebem a nova condição e estão tão densos que procuram alimentos ou vícios do plano físico e se grudam nos encarnados, e ainda aqueles que ficam agarrados ao medianeiro neófito por sintonia de pensamentos e sentimentos e ficam a seu lado até o momento em que a pessoa solicita ajuda em uma casa espiritualista. E todas essas sensações de agonia, sofrimento ou ira são captadas pelo indivíduo, deixando-o em total perturbação. Para alcançar o equilíbrio, deverá passar por uma sequência de passes,

estudo sobre temas espiritualistas e labor espiritual. Com esse procedimento, o indivíduo contribui para a condução dos desencarnados que o acompanham. Esses espíritos em estado de desequilíbrio, ao serem recolhidos pelos amigos espirituais, serão esclarecidos, equilibrados e encaminhados a outros lugares no plano extrafísico dentro do merecimento de cada um.

Quando o desencarnado em desequilíbrio se aproxima do médium, encontra energias reconfortantes que lhe trarão uma sensação de bem-estar. Em contrapartida, o médium em contato com as energias negativas vindas do desencarnado passa a ter sensações ruins, como cérebro perturbado; peso na cabeça e nos ombros; dores pelo corpo; insônia; nervosismo; irritação por qualquer motivo; arrepios desagradáveis; esgotamento; cansaço; falta de ânimo; profunda tristeza e, um tempo depois, alegria excessiva sem saber por quê; ansiedade; impressão de estar acompanhado, mas está a sós; ouvir vozes como se tivesse alguém dentro da mente passando mensagens, dando ordens ou comentários depreciativos; ataques de pânico; ideias de suicídio etc.

Esses distúrbios poderão se intensificar e originar doenças no corpo somático devido à excessiva carga de fluidos deletérios, caso a pessoa não procure ajuda espiritual e educar sua mediunidade.

Então, tendo alguns desses sintomas, podemos afirmar que a mediunidade está aflorada?

Todo e qualquer desequilíbrio no organismo psicossomático precisa ser investigado, avaliado e tratado pelos especialistas da Terra em conjunto com o tratamento espiritual. Essa averiguação é necessária para descartar a hipótese de que não há nenhuma causa orgânica ou trauma psicológico que justifique os sintomas apresentados. Então, descartando a possibilidade de doença física ou mental, a pessoa poderá estar experimentando sintomas de origem espiritual, que precisam ser compreendidos e controlados. Salientamos que um desequilíbrio psicológico com causa definida poderá formar um quadro obsessivo de natureza simples ou complexa. Passa a ter cunho espiritual, além de psicológico, mas não relacionado à mediunidade aflorada. Ao realizar o tratamento espiritual condizente ao quadro juntamente com uma psicoterapia, o indivíduo retornará a seu equilíbrio habitual.

Em que situação uma pessoa poderá desenvolver um transtorno típico de mediunidade aflorada que, na verdade, é apenas um desequilíbrio momentâneo?

Adriana morava em um município que compõe a Grande São Paulo. Era dona de uma loja de roupas femininas de grife, muito frequentada pelas senhoras da alta sociedade. Após mais um dia com bons lucros, Adriana se despediu das funcionárias e retornou para casa com uma parte do dinheiro das vendas.

Ao abrir o portão da garagem, foi surpreendida por dois assaltantes que a renderam junto com o marido e a filha. Levaram toda a féria do dia juntamente com o carro.

Passou-se um mês e foram assaltados novamente. Com esses sucessivos fatos violentos, Adriana começou a ter crises de pânico e insônia. Qualquer fato era motivo de gritos de medo, a ponto de não querer sair mais de casa, e por não conseguir dormir, passou a sentir dores no corpo. Precisou fazer um tratamento psicológico e medicamentoso adequado juntamente com passes numa casa espírita. Passado um ano, Adriana retornou a sua vida normal, com o tratamento concluído. Mudou-se de residência e hoje mora em local mais tranquilo e seguro.

Esse caso é típico de um desequilíbrio momentâneo que poderia ser classificado como mediunidade aflorada se não houvesse uma investigação. As crises de pânico, insônia e dores pelo corpo tiveram suas origens em um trauma psicológico. Tratado o trauma, as sensações desaparecem.

O que é bipolaridade e seu aspecto espiritual?

A bipolaridade ou transtorno bipolar é uma doença funcional do cérebro relacionada aos neurotransmissores cerebrais. Há um desequilíbrio bioquímico por excesso ou falta de algumas das substâncias que compõem o cérebro, levando o indivíduo a ter picos de euforia e de depressão. Quando a pessoa oscila entre os estados de mania ou euforia, apresenta comportamentos exagerados: alegria excessiva; falar demais; gastar muito dinheiro e tomar decisões das quais irá se arrepender; manter relações sexuais com muitos parceiros; pensamentos acelerados que se atropelam; autoestima muito alta (ilusão sobre si mesmo ou habilidades); grande agitação ou irritação.

No outro extremo, a fase de depressão, a pessoa sente tristeza; angústia; profunda sensação de vazio e redução no sentir satisfação ou prazer; dificuldade de se concentrar, de lembrar ou de tomar decisões; fadiga ou falta de energia; sentir-se inútil, sem esperança ou culpado; baixa autoestima; pensamentos sobre morte e suicídio; problemas para dormir ou excesso de sono; afastamento dos amigos ou das atividades que antes eram prazerosas.

O tratamento clínico acontece com medicamentos que irão suprir as necessidades químicas do cérebro, equilibrando as substâncias que estão em excesso ou em falta. Esse equilíbrio nas substâncias trará o bom funcionamento ao cérebro, em nível de normalidade, garantindo uma qualidade de vida ao paciente. É necessário o acompanhamento médico constante para a realização do ajuste dessas substâncias, se for necessário.

Numa análise espiritual integral, esse transtorno tem sua origem em vidas pretéritas; situações vividas que foram contra as leis divinas, tais como paixões alucinantes, suicídio direto e indireto, abusos da inteligência e outras formas de viciação e alienação do espírito. O reajuste acontece na encarnação atual, com essa deficiência cerebral, levando o espírito ao equilíbrio na engrenagem divina. O transtorno age como um alarme, fazendo o espírito se autoeducar frente às tendências e paixões pretéritas que insistem em voltar ao palco na vida atual.

Podemos associar o transtorno bipolar com a mediunidade?

A linha divisória entre o transtorno bipolar (TB) e a mediunidade é muito tênue. Os bipolares são sensíveis às energias de ambientes e pessoas, alguns apresentam uma anormalidade psíquica com alucinações e delírios, ou seja, ouvem vozes e veem pessoas, características de mediunidade. "Não raro, os portadores de TB trazem um séquito de cobradores do passado que podem vir a ser obsessores ferrenhos, complicando um quadro já em si complexo e difícil. O transtorno bipolar do humor parece ser um facilitador da manifestação de faculdades mediúnicas, o que, junto às afinidades espirituais do passado e seus compromissos, vulnerabiliza sobremaneira o enfermo, que se torna assim presa fácil de múltiplos fatores alienantes." *(Luiz Antônio de Paiva, médico psiquiatra e membro da Associação Médico-Espírita de Goiás – AME-GO.)*

Sob o ponto de vista espiritual, essa sensibilidade mediúnica, quando praticada, poderá ser um lenitivo na apresentação dos transtornos bipolares se houver a reforma íntima, a vigilância e a oração, o propósito no bem, as ações beneficentes, sem excluir o tratamento farmacológico.

E a esquizofrenia e a mediunidade?

A esquizofrenia é uma perturbação psicótica. As perturbações psicóticas têm em comum a presença de delírios e alucinações; discurso desorganizado; comportamento amplamente desorganizado ou catatônico; perda de faculdades intelectuais; diminuição da efetividade; falta de motivação ou vontade; empobrecimento do pensamento. Tanto o transtorno bipolar como a esquizofrenia têm origem pretérita, devendo ser realizados tratamentos médicos psiquiátricos e espirituais simultaneamente.

Os pacientes esquizofrênicos que aderiram a algum tipo de práticas espirituais conseguiram controlar os sintomas emocionais e mentais e levam uma vida perfeitamente normal. Muitos continuam a apresentar os sintomas de antes, como ouvir vozes, ver imagens "que mais ninguém vê", serem sensíveis a determinadas energias, receberem informações e/ou comunicações intuitivamente de "algo" ou "alguém" etc. Têm, no entanto, uma interpretação espiritual de sua situação, estando longe de se suporem "doentes mentais". Compreendem sua situação. Vivem perfeitamente integrados socialmente. A maioria constitui família e tem uma ocupação laboral. Mesmo tendo perturbações, continuam com o tratamento com medicamentos e acompanhamento psiquiátrico periódico, e ao mesmo tempo se dedicam às questões espirituais.

Quais as diferenças entre mediunidade e transtornos mentais?

As características que indicam uma pessoa com transtorno mental ou mediunidade não poderão ser avaliadas por pessoas leigas, e sim por profissionais da área médica e estudiosos da espiritualidade. Os critérios aqui apresentados são apenas em nível de compreensão desses temas e as diferenças entre ser médium ou esquizofrênico não devem ser analisadas por item isolado, para não levar a um diagnóstico errado.

A Universidade Federal de Juiz de Fora (UFJF), em 2011, realizou uma pesquisa investigando as diferenças entre experiência espiritual e transtorno mental. O trabalho fez parte da tese de doutorado em saúde do professor Adair Menezes Júnior, da própria UFJF. Foram encontrados nove critérios que podem ser úteis na diferenciação entre uma experiência espiritual saudável e um transtorno mental. E foi esclarecido que:

"Ter visões, escutar vozes e sentir presença de seres não visíveis são consideradas manifestações de mediunidade, mas também podem ser interpretadas como sintomas de esquizofrenia."

As características que diferenciam a ação mediúnica de esquizofrenia são: ausência de sofrimento psicológico, ausência de prejuízos sociais e ocupacionais, duração curta da experiência, atitude crítica (ter dúvidas sobre a realidade objetiva da vivência), compatibilidade com o grupo cultural ou religioso do paciente, ausência de doenças ou transtornos, controle sobre a experiência, crescimento pessoal ao longo do tempo e uma atitude de ajuda aos outros.

Concluímos que a mediunidade costuma levar as pessoas a crescerem, fazerem reformas íntimas, reverem suas sombras. Já os estados psicopatológicos em geral fazem a pessoa se manter onde está, e até se dissolver, largar compromissos, não conseguir manter o que fazia. Então, um bom critério é o quanto a pessoa está crescendo, em parâmetros éticos, sociais, pessoais, materiais etc., a partir do contato com sua mediunidade.

E o caso de Dinho e sua responsabilidade em abrir um terreiro?

A história de Dinho é um exemplo de transtorno mental confundido com mediunidade em desequilíbrio.

Após um tempo de convivência, perceberam-se traços de esquizofrenia e bipolaridade em Dinho, tais como: discutia ou era mandão; desafiava Mãe Bentinha ou se recusava a cumprir regras; culpava os outros por seus erros;

mentia para evitar as consequências de seus atos; exibia um comportamento social inapropriado e faltava aos compromissos, prejudicando os trabalhos do terreiro.

Dinho perseguirá obstinadamente seu sonho de abrir um terreiro, mesmo não tendo experiência espiritual saudável e maturidade psicomental para enfrentar os obstáculos que irão aparecer.

Uma pessoa com transtornos bipolares ou esquizofrênica poderia ser dirigente de terreiro ou de outro templo espiritualista?

As autoras não detêm a palavra final quanto às escolhas de vida das pessoas. Em nosso entender, baseado em estudos e experiências de terreiro, acreditamos ser inseguro demais ter um dirigente com desequilíbrios psíquicos-mentais conduzindo um grupo mediúnico, por mais que seja uma bela iniciativa.

Abrir um terreiro não é somente comandar um número de pessoas.

Cada médium que compõe a corrente traz consigo suas dificuldades internas, problemas de vida e carência de informações sobre sua mediunidade e espiritualidade, e tudo isso precisa ser administrado.

Um dia de gira é sinônimo de grandes demandas vindas dos consulentes. São sofredores, obsessores ferrenhos, campos de magias, quadro de vampirismo, obsessões nos mais diversos graus, tudo adicionado aos desequilíbrios emocionais de cada um da assistência. Todo esse quadro espiritual recai sobre o dirigente como informação para que ele possa conduzir a gira da melhor forma, e assim fazer uma parceria com a Espiritualidade Maior.

Uma ação mal conduzida poderá afetar psicologicamente o médium trabalhador, criando um trauma ou colocando em risco um consulente.

Esquizofrenia e estados psicóticos envolvem sempre delírios e alucinações. É indispensável o uso contínuo de remédios para o controle dos transtornos, além de um acompanhamento médico regularmente.

A pergunta que colocamos ao leitor:

Este dirigente com transtornos mentais está tendo um discurso coerente e logicamente estruturado? Suas ações são ponderadas? Há uma boa condução nos trabalhos? Quem irá avaliar seu comportamento? Ele está realizando o tratamento farmacológico?

Por tudo o que foi aqui exposto, cada um poderá tirar suas próprias conclusões.

RITUAIS E FUNDAMENTOS

Firmeza de bombogira

Lá no Mato Grosso, numa cidade de porte médio, existe uma casa de religião, nem tão pequena. Essa casa é conhecida por ter muitos adeptos e trabalhos em vários dias da semana, incluindo o desenvolvimento mediúnico da corrente e dos iniciantes nas lides umbandistas. É uma casa mista, com um dirigente famoso por sua eloquência doutrinária e roupas impecavelmente brancas e frisadas. É exigente com os novatos e mais ainda com os antigos frequentadores.

Neste templo umbandista, Dália chegou para uma consulta com os pretos velhos e saiu com uma recomendação para falar com o pai de santo sobre sua mediunidade. Como andava meio atrapalhada na vida, foi até lá para pedir conselhos aos amigos espirituais para tentar melhorar de vida e se equilibrar.

Falou com o dirigente, que jogou búzios e lhe disse que seu problema era uma bombogira que estava encostada nela e precisaria de um trabalho de feitura do santo. Ela, ingenuamente, consentiu e vislumbrou uma possibilidade de melhorar de vida, de emprego e – por que não? – arrumar um "partido melhor". Sentiu-se até lisonjeada, eleita e escolhida pelos Orixás. Aceitou. Acreditou. Combinou tudo. Achou estranho o procedimento, mas foi. Preparou tudo que foi solicitado, colocou numa cesta e, no dia e hora marcados, se apresentou lá. Foi ajudada por algumas integrantes da casa e ficou em repouso numa sala, esperando ser chamada. Passado algum tempo, foi orientada a se dirigir ao cômodo no fundo do terreno onde eram feitas as iniciações, firmezas e assentamentos dos Guias e entidades dos médiuns.

Até aí, tudo normal. Mas, quando se dirigiu para o local, estranhou que ninguém foi com ela. Parecia que estava tudo silencioso demais. Nenhum movimento. Quando chegou ao lugar indicado, encontrou seu material depositado numa mesinha num canto, e uma esteira no chão coberta com lençóis. O pai de santo já estava preparado, todo de branco. Assim que entrou, ele recomendou que ela tirasse a roupa atrás de um biombo e que deveria ficar nua. Ela ficou agitada e perguntou qual a necessidade de ficar sem roupas. Ele, já tirando a roupa e ficando nu, respondeu que somente pelo ato sexual o Exu dele poderia firmar a bombogira dela, e que isso era procedimento de praxe e costume antiquíssimo.

Dália ficou horrorizada e saiu correndo, deixando para trás todo o material que levara. Por sorte, conseguiu cair fora rapidamente, passando a mão na bolsa com seus documentos e o dinheiro que pagaria a tal feitura. O pai de santo correu atrás dela seminu, mas ela nem parou para olhar. Correu várias quadras, até um ponto de táxi. Ainda estava vestida de branco, mas mais branca era a expressão de seu rosto. Parecia que tinha visto fantasma ou alma penada. E pelo jeito, viu mesmo. Viu o que acontece quando lidamos com pessoas de mau caráter. Pessoas que não honram a religião que adotaram e que só pensam em se beneficiar à custa dos incautos e ingênuos.

A cabeça feita de Juca

Juca, nascido e residente numa cidade mineira, beirava os 40 anos e foi convidado para participar da corrente da casa da qual era assíduo frequentador já havia um ano, mais ou menos. Aceitou e, após alguns dias no exercício da mediunidade, foi comunicado pelo dirigente de que deveria passar por um preceito para fortalecer seu tônus mediúnico. Para tanto, deveria tomar banho com as ervas prescritas de acordo com seu Eledá. Esse banho deveria ser realizado na casa do dirigente, até porque os vestiários do terreiro não tinham área de banho.

Assim, no dia e hora determinados, Juca foi à casa do dirigente com o respectivo material.

Lá chegando, o dirigente foi macerar as ervas e preparar o banho, enquanto Juca o aguardava na sala. Quando tudo ficou pronto, foi solicitado a ir ao banheiro e se despir. O próprio dirigente passaria as ervas em seu corpo.

Juca, por ingenuidade e acreditando na boa-fé do outro, que achava ter caráter ilibado, permitiu, e assim fez o dirigente, que passou as ervas e as mãos nas partes íntimas do aspirante a médium. Juca ficou estarrecido quando sentiu o que estava para acontecer e questionou se estava certo, se era realmente necessário. Tomado de nojo e apavorado com o inusitado da situação, solicitou que o dirigente parasse imediatamente. Este, contrariado, encerrou o que estava fazendo e falou que não haveria outra possibilidade de Juca voltar a fazer parte da corrente mediúnica. Juca vestiu-se e foi embora se sentindo abusado moralmente, sujo por ter sido tocado pelo outro. Dava graças aos Orixás e a todos os Santos que nada de mais grave havia acontecido.

O que é firmeza?

Firmeza vibratória é um procedimento simples e rápido que tem por objetivo evocar forças ou energias em benefício próprio. Para a realização de uma firmeza, são utilizados poucos elementos e, depois de ativada, seu tempo de duração e atuação é relativamente pequeno, diferente de um assentamento.

Qual o objetivo de uma firmeza?

O objetivo da firmeza, como o próprio nome diz, é firmar, pelo pensamento e evocação das forças ocultas, algo de que necessitamos para chegar ao equilíbrio; por exemplo, proteção, saúde, prosperidade ou fortalecimento do canal mediúnico com os Guias.

Quais os elementos usados numa firmeza?

Depende das forças que a pessoa quer ativar e firmar. Pode ser utilizada apenas uma vela ou a vela em conjunto com outros elementos, como fitas, pedras, ervas, essências, frutas etc.

Poderia dar exemplos de firmeza?

Quando o médium sente necessidade de proteção, pode acender uma vela para seu guardião ou exu rogando auxílio. Por ser um ato de magia, são acionadas forças ocultas; portanto, no ato firmar o pensamento, seja por oração, súplica ou precação, devemos endereçá-las a uma entidade ou Orixá.

Quando estamos com a vontade fraca, podemos arriar alguns elementos no terreiro, no ponto de força de Ogum, para nos conectarmos com essa força, firmando em nós sua vibração. Entretanto, se a firmeza for contra as leis divinas, um pedido que vá prejudicar alguém, estaremos sintonizando com entidades das sombras. Toda firmeza ou qualquer outro procedimento rito-litúrgico deverá ter a indicação ou concordância do zelador da casa.

O que é preceito e qual a sua utilidade?

Preceitos são orientações, formalidades individuais que devem ser adotadas pontualmente por todos os médiuns de uma corrente dentro da necessidade de cada trabalhador. A indicação da necessidade de um preceito ou de uma firmeza dá-se através de observação e orientação particularizada do dirigente espiritual a cada trabalhador. O preceito é um ritual de harmonização do médium com seu Ori, Orixá, guias e falangeiros em um dia pré-estipulado e exige do médium certo resguardo, inclusive restrições alimentares que deverão anteceder ao rito. Algumas dessas interdições são a não alimentação carnívora, a abstinência de bebidas alcoólicas e de relações sexuais, evitar conflitos e discussões, e cultivar a meditação. A função principal do preceito é manter equilibrado o fluxo de axé pelos corpos mediadores e pelos chacras do médium em consonância com sua coroa mediúnica.

O que é feitura de santo na Umbanda?

Feitura de santo é um rito de iniciação específico do Candomblé, sendo também adotado pela Umbanda Omolocô.

Então, não há feitura de santo na Umbanda?

Os médiuns que ingressam pela primeira vez em um terreiro de Umbanda passam por um "estágio", no qual tomarão ciência do ritual da casa participando da organização dos trabalhos internos e externos e do desenvolvimento mediúnico.

Pelo desenvolvimento de sua mediunidade, o novo medianeiro será "educado" a reconhecer as energias de suas entidades, e no devido tempo, com a autorização do dirigente ou zelador, estará autorizado a trabalhar nas engiras juntamente com essas entidades no atendimento aos consulentes. A iniciação se dá nesse primeiro período de adaptação à corrente, conhecendo suas entidades.

A Umbanda promove e incita seus adeptos a realizar a transformação interna. As palestras, as instruções do dirigente nos dias de engira, a orientação do preto velho, o conselho direto do caboclo, a alegria passada nas palavras do boiadeiro, o modo correto de agir ensinado pelos exus, todas essas mensagens são gravadas na memória do medianeiro e, sem pressa, vão transformando-o, matando o homem velho com seus hábitos e vícios nocivos e deixando nascer o novo com ações mais salutares. Essa é a verdadeira iniciação na Umbanda, que respeita o tempo de cada integrante na realização de sua transformação interna.

O que são assentamentos?

Assentamento vibratório é um centro ou ponto de força de influência magnética que tem por objetivo transmutar, equilibrar, conter, dinamizar e eliminar energias que chegam ao terreiro. Para fixar a força do Orixá ou dos guias, são necessários elementos que tenham a mesma vibração da força que queremos assentar. Esses elementos poderão ser imagens, pedras, água, ervas, metais como ponteiras, facas, todos devidamente consagrados e ritualizados. Eles serão arrumados e dispostos harmonicamente no local do assentamento. Esses elementos e suas cópias etéricas formarão potentes campos de força que funcionarão como verdadeiros portais de ligação/comunicação vibratória entre os planos físico e espiritual, sendo utilizados pelos falangeiros, guias e espíritos afins da Umbanda e dos Orixás para se aproximar do terreiro e se apoiar no espaço sagrado, mantendo seu rebaixamento vibratório e se fazendo sentir pelos medianeiros no processo da mecânica de incorporação. Os assentamentos são forças fixas, enraizadas e atuam constantemente, pois são eles que darão suporte aos trabalhos do terreiro. Alguns assentamentos vibratórios: congá (altar), tronqueiras e o Cruzeiro das Almas.

Quais são os esclarecimentos sobre o caso de Dália e a feitura de santo?

Dália estava passando por um momento de desequilíbrio criado por ela mesma. Insatisfeita com a vida, procurava uma solução imediata para seus problemas. Formas-pensamentos negativas e miasmas formavam o quadro energético obsessivo juntamente com os primeiros sinais de mediunidade deseducada. Com o pensamento fixo em resolver logo e de uma maneira fácil sua situação, acabou caindo nas mãos de um dirigente sem ética e aproveitador. Um terreiro como o que seu viu no caso de Dália, com uma miscelânea de ritos praticados indevidamente e sem base doutrinária, mancha o nome da Umbanda, das religiões afro-brasileiras e seus respectivos ritos.

Quando precisamos fazer o santo?

Não podemos nos aprofundar nesse tema por não fazer parte de nossa vivência de terreiro, reforçando que a Umbanda não possui o rito de "fazer o santo". Por meio de leituras e pesquisas, sabemos que uma das indicações para fazer o santo acontece quando a pessoa, em uma visita a barracão ou roça de Candomblé, é tomada pelo Orixá e fica inconsciente por um breve tempo. A esse acontecimento dá-se o nome de "bolar no santo". O babalorixá ou ialorixá jogará os búzios para a confirmação da escolha do Orixá a se manifestar naquela pessoa. A partir da decisão de entrar para a religião, o indivíduo passará por uma iniciação, ficando vinte e um dias recluso no barracão, vivenciando o ritual de iniciação. Esse período de reclusão simboliza a morte do homem velho para que o novo venha a nascer, esotericamente, para os Orixás. E é importante observar que este rito não envolve de forma alguma relações sexuais com quem quer que seja para assentar o Orixá.

O que é eledá?

Eledá ou Orixás de cabeça são vibrações de determinados Orixás que vão influenciar na encarnação presente do indivíduo. A força do Orixá ou a energia vibrada no Ori será como um guia, um modelo que o indivíduo deverá seguir para a formação de seu caráter e personalidade, eliminando as tendências negativas. O Eledá é formado pelo Orixá de frente, Orixá adjunto ou adjuntó, que vibra na nuca, e pelos Orixás dos lados direito e esquerdo. Sabemos quais Orixás constituem nosso Eledá através do jogo de Merindilogun ou jogo de búzios.

Qual a função dos banhos na Umbanda?

A função do banho é limpar, aliviar, descarregar, ativar as energias que se encontram no corpo físico e na contraparte espiritual. Após um dia exaustivo, não utilizamos o banho para nos higienizar, renovar, aliviar as tensões e revigorar a alma, ficando mais leves depois? Assim também acontece com os banhos na Umbanda.

Quais os tipos de banho e para que servem?

Há dois tipos de banho: descarga/limpeza e energização/fixação.

O banho de descarga serve para descarregar as energias negativas acumuladas ao longo do tempo. Esse banho elimina os fluidos negativos provindos de sentimentos e pensamentos de inveja, ciúmes, irritação, nervosismo, intriga, ansiedade, que propiciam a formação de miasmas, larvas astrais e outras negatividades. Há dois tipos de banho de descarga ou descarrego: o de sal grosso, que tira as energias negativas aderidas à aura por um processo de desmagnetização, e o de ervas, que dispersa e limpa a aura contaminada de fluidos perniciosos.

Após o banho de descarga, é necessário energizar o corpo com energias positivas, e para isso serve o banho de energização. Este banho ativa e revitaliza psiquicamente o médium, levando-o a uma melhor sintonia com suas entidades e com as forças dos Orixás. Atua especialmente nos chacras ou centros energéticos, ativando-os e equilibrando-os.

O banho de fixação é utilizado quando o médium irá passar por determinado rito litúrgico interno, rito fechado ao público, como a consagração. Nesse caso, são escolhidas ervas específicas do Orixá de frente em conjunto ao guia do médium, cuja vibração é símile. Este banho tem como objetivo tornar mais límpido o canal, abrindo todos os chacras e aguçando sua percepção mediúnica necessária para a nova caminhada na religião. Somente o dirigente médium-magista poderá prescrever esse banho, que será realizado antes do rito propriamente dito.

Como e onde devemos realizar esses banhos?

Os banhos de descarga/limpeza e energização são feitos após o banho higiênico na residência do médium, por ele próprio. Esses banhos são simples de realizar, principalmente o de sal grosso. Poderá haver alguma determinação especial por parte do dirigente na questão das ervas que serão utilizadas no banho de energização. Mas não há, em nenhuma hipótese, necessidade de outra pessoa aplicar!

Quanto ao banho de fixação, que é um preparo para um rito litúrgico (neste caso, uma consagração), deverá ser realizado no terreiro. A consagração é indicada aos adeptos que tenham no mínimo sete anos de envolvimento nos compromissos públicos e internos do terreiro, que conhecem as regras e se colocam à frente dos trabalhos. Todos os banhos, sejam em residência ou no terreiro, são aplicados pelo próprio médium.

O que é consagração e quais os procedimentos?

Consagração é um ato litúrgico interno em que o médium assume encargos perante a comunidade de terreiro e a Espiritualidade Maior.

Há procedimentos preparatórios e interdições alimentares, devendo o médium ficar recluso no terreiro por um período determinado. Esse período de reclusão, sem contato com o mundo profano, simboliza a gestação – o nascer do homem novo para uma nova vida no sacerdócio. O guia espiritual, juntamente com o dirigente ou zelador, aplicará e orientará nas firmezas, na utilização de elementos nas oferendas e no preceito, que varia de casa para casa.

A consagração é uma iniciação e, para o médium passar a ter responsabilidades de dirigente e pais/mães pequenas, é exigido um tempo de vivência de terreiro de no mínimo sete anos e ter sido ratificado este grau iniciático no jogo de búzios/Ifá.

E o caso de Juca, o que tens a dizer?

Muitas pessoas são enganadas em nome do Sagrado. Infelizmente, são dirigentes, zeladores, pais e mães de santo sem nenhuma ética, mercenários e que abusam moral e sexualmente de pessoas ingênuas que desconhecem a religião e os ritos, sendo por isso enganadas facilmente. Acreditam fielmente naquele que é o intermediário entre o oculto e o visível.

Quando um dirigente se utiliza de "seu poder" para fazer qualquer coisa que não condiz com uma casa religiosa, pare e analise! Não pense duas vezes em dizer não ou recusar a participação. Existe muito lobo travestido de ovelha querendo ludibriar os incautos.

EGO E ESPÍRITO

Egos, egos e egos

Quem é este ser cuja imagem se reflete no espelho da vida? Que não permite que o dono do reflexo tome atitudes humildes para não ser menosprezado pelos outros? Que impõe decisões arrogantes, tempestuosas, gritando desconformidades com aquilo que não pode controlar e que está fora de seu alcance? Que faz com que tome medidas autoritárias e despóticas com a família e todos aqueles que estão ao seu redor? Magoando, espalhando mal-entendidos, incompreensões e afastando pessoas próximas? Que não aceita explicações porque avalia com base em conceitos arraigados ao longo de séculos e porque a prepotência não permite que enxergue ou aceite as opiniões alheias? Quem é este ser que estuda muito, lê muito, frequenta lugares de práticas espiritualistas, mas que ao longo da caminhada não assimilou nada? E que entende que as lições servem para todos menos para si? Ele é chamado de EGO e é de um comportamento terrível e ameaçador, não permitindo que o ser do espelho mude. Quer conservar as mesmas práticas cristalizadas, que tantos dissabores causaram ao longo de muitas vidas, e não admite que o mesmo assuma a sua verdadeira natureza divina. Pois, na realidade, não aceita mudanças, não porque não saiba ou não compreenda por que é necessário mudar, mas porque gosta e se locupleta em ser desta forma, porque pensa que pode manter pessoas cativas a sua volta e dominá--las a ponto de ser único na vida de relações delas. Que não se conforma com o crescimento e a evolução de seus pares, colocando a culpa de estar estagnado nos outros.

Estamos vivendo tempos difíceis, e está mais do que na hora de crescer, parar de reclamar, de repassar para terceiros a responsabilidade pelos desacertos provocados e arcar com as consequências de atitudes baseadas em ilações não verdadeiras e sobre pontos de vista fantasiosos e distorcidos. A chance de quebrar os grilhões que aprisionam abrindo os olhos para a aceitação de pessoas e fatos, sobre os quais não temos nenhuma influência e não conseguimos modificar a nosso bel--prazer, é agora. A hora de libertar e ensinar a voar se faz presente e não podemos nos dar ao luxo de ficar repetindo sempre os mesmos erros, nos comprazendo em permanecer do jeito que somos, como se fôssemos os donos da verdade absoluta. Até porque cada um pensa de um modo diferente e tem todo o direito de expressar seus pensamentos em conformidade com sua visão de vida. Não devemos agir baseados no pensar de outrem. Devemos e necessitamos trocar ideias, livremente, sem impor nada a quem quer que seja. Ninguém é obrigado a bater cabeça para amizades únicas e eternas. Isso não existe e os ciúmes, o despotismo, os caprichos são os piores inimigos que alguém pode ter. Essas atitudes *se traduzem pela forte dominação do EGO em permitir que a persona mude, evolua, compreenda a necessidade de expandir seus conceitos gastos pelo tempo e que forjaram a ferro e fogo ideias arraigadas em conceitos escravizantes. É hora de mudar, acrescentar leveza na caminhada e abrir as portas do coração para a gratidão e o amor por si mesmo, e depois por aqueles que estão ao nosso redor, trocando, assimilando o quanto a vida nos proporciona momentos de mudar por meio de ações negativas ou positivas. Tudo depende da forma que olharmos para elas. Talvez a compreensão das mesmas somente se revele bem mais tarde, quando o positivo e o negativo dos problemas ou atitudes e soluções passarem a assumir valores e pesos bem diferentes daqueles que nos pareciam corretos na época em que se manifestaram.*

Estamos vivendo a "ERA EGOICA". Vemos por aí, livres, leves e soltos, muitos EGOS causando estragos por onde passam.

O que é ego?

Allan Kardec, em *O Livro dos Espíritos*, questão nº 115, no capítulo que trata sobre a progressão dos espíritos, explica que Deus nos criou simples e ignorantes, ou seja, sem conhecimento. A missão de cada espírito é o esclarecimento; adquirir e colocar em prática o que aprendeu dentro da ética, paulatinamente, retornando ao Pai com perfeição e sabedoria.

Para que isso ocorra, o espírito precisa passar por um determinado período num corpo de carne, tantas vezes quanto for necessário (reencarnação), para a realização de sua missão: atingir a perfeição.

Sendo a essência do espírito sutilíssima, o que impede sua manifestação no mundo externo (material), acontece em cada encarnação de o espírito se utilizar de uma roupagem ou uma consciência provisória – Ego – constituída de energias densas para que possa vivenciar as situações encarnatórias, expressando-se no mundo material.

Poderia explicar essa consciência provisória?

O ego é constituído de pensamentos, sentimentos, gostos, opiniões. Podemos dizer que é a personalidade; o eu de cada um; o eu inferior, a consciência atual. O ego é o ser diferenciado na matéria: homem ou mulher; branco, negro, amarelo; cabelos loiros ou castanhos, e nos identifica por um nome. Todas essas características mudam de encarnação para encarnação.

Portanto, o ego é a consciência emprestada ao mundo físico (denso) pelo espírito, e será através dela que o mesmo se realizará, ou seja, todas as experiências vivenciadas em uma encarnação, resultantes dessas situações, serão assimiladas e gravadas pelo espírito em sua memória eterna.

Então, podemos dizer que o ego é o corpo físico?

O foco da consciência provisória não está somente no corpo físico. Em alguns momentos ela vibra no corpo astral ou no corpo mental inferior, corpos que compõem o quaternário inferior.

Quando o indivíduo está desperto, o ego vibra no corpo físico. Ao dormir, em estado de coma ou após a morte do corpo físico, a consciência provisória se transfere para o corpo astral/emocional ou para o corpo mental inferior/corpo dos pensamentos, dependendo de seu estágio evolutivo. Quanto maior domínio o ego tiver sobre o espírito, maior será sua densidade específica.

O que significa densidade específica dos corpos?

O envoltório dos corpos astral e mental inferior é constituído por matéria delicada do próprio plano em que habita e de fácil maleabilidade, e reage sob a ação dos sentimentos e pensamentos.

O modo de ser e de viver no corpo de carne, no estado de vigília, determinará o maior ou menor peso dos corpos mais sutis quando em liberdade. Podemos dizer que é a condição moral da pessoa que garantirá a maior ou menor densidade desses corpos. Quanto maior for sua elevação moral, menor será a densidade dos corpos, levando-os a lugares de beleza e harmonia quando emancipados do corpo físico.

Ao contrário, quando a pessoa é de mau caráter e vibra nos sentimentos inferiores, os corpos ficam mais densos e pesados, o que os leva às regiões de sofrimento e dor.

Então, uma pessoa intelectual e inteligente estará proporcionando leveza ao corpo dos pensamentos?

O progresso mental obtido pelo estudo que torna o ser intelectualizado é de grande importância para a renovação do espírito e para o progresso da comunidade onde ele está inserido. Se o crescimento intelectual for aplicado sem amor e em prejuízo do outro, tornará a estrutura mental mais densa e pesada.

Os caboclos e exus trabalham direto no desmanche de cidadelas no umbral inferior, morada dos espíritos libertos da carne que se utilizam do conhecimento e da inteligência para arquitetar planos que trazem perturbação e crueldade a outros espíritos, compondo o quadro das obsessões.

São espíritos que ainda vivem na horizontalidade das ciências, intelectuais, porém não conseguem vivenciar a verticalidade do amor, caminho para a elevação divina.

De outro lado, encontramos pessoas semianalfabetas que se preocupam e se dedicam para a comunidade onde estão inseridas, dando os primeiros passos no exercício do amor incondicional, deixando seus corpos mais leves.

Portanto, para ter os corpos com menor peso específico é necessário exercitar o bom caráter.

Qual é a principal função do ego?

A principal função do ego é a realização do espírito na matéria, sendo que este precisa acordar o ego do mundo ilusório para as coisas eternas e espirituais.

É pelo ego que o espírito se realiza, transformando milhões de anos de evolução nos rápidos instantes de experiências aprendendo e exercitando as leis divinas. Entretanto, o ego tem a tendência de sempre se defender e, assim, obter cada vez mais facilidades, confortos e elogios do mundo externo. Ele sabe administrar bem os desejos frente à realidade do ser em nível consciente. Conduz com propriedade o presente, criando assim o passado e o futuro da encarnação onde está atuando, sempre em uma visão linear.

Ele gosta de lembrar o passado, deixando-o inerte e longe das dificuldades do presente. Ou projeta-se para o futuro, onde passará a vivenciar situações que não irão ocorrer, pois depende de sua ação no presente. São as fugas do ego para não encarar a realidade.

Uma das maiores dificuldades da consciência provisória é acessar o inconsciente, onde estão guardadas as experiências vividas pelo espírito em outras vidas, com outras roupagens, nomes e histórias. Sua ligação com o inconsciente é feita através da permissão do espírito, por intuição, sonhos ou outro tipo de mensagem codificada cujo objetivo é auxiliar o ego nas experiências de vida.

O que é a roda das encarnações?

Roda das encarnações, roda das almas ou samsara (budismo) significa o fluxo incessante de renascimentos através dos mundos, ou seja, é o ir e vir ao mundo físico (reencarnação) até que o espírito consiga "domar" o ego e, assim, alcançar a ascensão.

Para experienciar essas vidas, o ego se utiliza do recurso do livre-arbítrio, traçando um caminho em seu destino, e cada ato escolhido resultará em uma reação. As escolhas acertadas que vão ao encontro das leis divinas beneficiam o espírito, ajudando-o em sua elevação. As escolhas inadequadas que vão contra o amor, que são as pendências morais, ficam à espera para serem retificadas em algum momento mais oportuno, nesta ou em uma futura encarnação.

Essas experiências com resultados negativos se apresentam na forma de energias densas que se acumulam ao redor dos corpos astral e mental, resultado das escolhas que geraram sentimentos de mágoa, orgulho, vingança, inveja, poder, ganância, ira etc. São hábitos e atitudes criadas e sustentadas pelo indivíduo que o colocam em primeiro lugar, em detrimento de outras pessoas, com as quais tem relacionamento. Assim, ele defende com unhas e dentes a verdade que é somente sua, seja em matéria de religião, política, futebol, opiniões em geral, interesses, desejos e sentimentos.

São pessoas que cultivam o TER e se esquecem do SER, ou então cultivam um falso "ser", movimento criado pelo ego para se defender, gerando a energia do pseudoamor, ou seja, parece que é amor, característica do espírito.

Por esquecer sua essência divina, a pessoa se deixa levar pelo ego. E são várias as artimanhas utilizadas pela consciência provisória para chegar ao seu objetivo, que é atenção e facilidades. Citamos algumas:

– ser o centro das atenções mediante intrigas e fofocas, fortalecendo sentimentos de aversão perante algumas pessoas. Tais indivíduos costumam utilizar roupagem de vítima, colocando-se como coitados e necessitando de ajuda e atenção constante;

– ser perfeccionista, exigindo de si e dos outros uma perfeição que está muito longe de ser alcançada;

– fanatismo que caracteriza excesso de devotamento a uma causa ou ideia que, na verdade, esconde o sentimento de insegurança e baixa autoestima;

– euforia para esconder o sentimento de tristeza e depressão. A falsa alegria vem dos recursos do álcool, drogas, festas, compras, sexo, com o objetivo de mascarar e fugir dos verdadeiros sentimentos.

Atualmente, com a internet e as redes sociais, as pessoas acabam alimentando mais o ego. Estamos na era da egolatria. Para cada local ou momento, basta uma *selfie* e muitas curtidas para a pessoa ficar na vitrine, ser aceita e ser *pop*. O ideal é, além das curtidas, uma lista imensa de comentários, cada um dando sua opinião sobre a pessoa e o acontecimento.

Essa exaltação do ego retarda o processo do autoencontro, isto é, do encontro do indivíduo consigo mesmo, em sua essência, em espírito, sem máscaras. A egolatria resulta em mais encarnações na roda da vida, até o espírito se fazer presente frente ao ego.

Qual o entendimento do ego na Umbanda?

Primeiramente, conceituaremos espírito e ego.

Espírito: ser essencial, ser divino, *self* onde está guardado todo o acervo de experiências com as características positivas e valores reais do indivíduo. É nosso lado luz, essência divina; somos deuses em miniatura. Neste ser divino habita o amor incondicional ainda em fase de construção (por sermos ainda seres imperfeitos) e todos os sentimentos nobres. Também guardamos todas as potencialidades de forma latente, prontas para emergirem e se desenvolverem, aguardando apenas o momento em que o indivíduo se identifique com elas e deixe que tomem conta de seu ser, levando-o ao êxtase. No espírito não há pendências cármicas, nódoas ou qualquer outro tipo de energia negativa. É a essência divina se preparando para o reencontro com o Pai.

Ego: personalidade, consciência provisória, o eu; composto de vários corpos energéticos densos; caracterizado como a camada de ignorância do espírito ou ser divino.

Os registros das experiências cuja escolha foi contra o amor ficam arquivados neste complexo energético – ego – para serem trabalhados em algum momento da jornada encarnatória. Deve-se vivenciar o amor como a energia que emana do Criador, combustível do Universo que a tudo rege e vivifica. Todo movimento, ação, pensamento ou sentimento endereçado contra o outro, que representar uma ação em seu próprio benefício sem a intenção de compartilhar com terceiros e contra as leis divinas, terá que ser retificado e harmonizado perante essas mesmas leis.

Outro aspecto do ego é que ele se utiliza de máscaras como defesa e fuga. Para cada momento específico da vida, utilizamos um disfarce para esconder o verdadeiro sentimento, geralmente negativo; na realidade, é o desamor em suas várias facetas. Criamos estas "personas" com o objetivo de aparentar sermos pessoas totalmente resolvidas no bem agir, escondendo o que realmente somos e não queremos aceitar.

A partir dessas definições poderemos entender a atuação psicológica na Umbanda e o desapego ao ego.

Os caboclos, pretos velhos, crianças, exus e demais linhas de trabalho, pacientemente, tentam nos acordar quanto às ilusões do ego.

Excelentes mestres ensinam dando o exemplo. Quando "baixam" no terreiro para fazer a caridade, deixam seus afazeres e compromissos em Aruanda para se dedicarem ao outro, mesmo sabendo que o filho poderá não seguir seus conselhos. Os questionamentos que a maioria das pessoas fazem a essas entidades são especulações sobre o futuro e pedidos para que seus desejos sejam realizados, como emprego, amor carnal, casa, dinheiro, diploma, negócios etc. E para todo questionamento, as entidades repassam, com paciência e amor, uma orientação sobre a melhor forma de fazer boas escolhas. Elas sabem que muitos não terão paciência para reformular vícios de padrão de vivência e procurarão outros terreiros que irão proporcionar um alívio imediato a suas preocupações.

O entendimento de caridade para esses espíritos vai muito além de nossa compreensão.

Amor adicionado a ação é igual a caridade. Essa fórmula está impressa em seus espíritos, já que muitos precisam criar corpos ilusórios para se achegar e se fazer sentir pelo medianeiro. Realizam o rebaixamento vibratório, que deve ser sofrível para um espírito liberto das amarras do ego. Passam por esse esforço sem queixume ou subterfúgios, diferente de muitos médiuns que estão sempre reclamando.

Outro ponto que comprova o não culto ao ego acontece quando essas mesmas entidades se apresentam ao médium e se identificam pela vibração e não pelo nome. Elas só passam um nome, que é fictício, por necessidade do trabalhador, para que este tenha mais certeza e segurança em sua mediunidade e no trabalho da entidade (guia).

Esses espíritos se identificam com um nome simbólico, sendo que centenas de outros espíritos se apresentam com o mesmo nome. Pai Benedito de Aruanda, Caboclo

Pena Branca ou Exu Capa Preta são nomes que abrangem uma coletividade de espíritos que trabalham dentro de um mesmo propósito, enfeixados numa energia maior, que chamamos de Orixá. Eles não se apresentam com o nome de sua última ou penúltima encarnação, mas sim com um nome genérico.

São pontos importantes e de grande lição sobre o ego: a caridade, ou seja, o amor em prol do outro; o auxílio a uma coletividade sem esperar recompensas ou uma palavra de gratidão, pois transferem os agradecimentos ao congá ou a Jesus Cristo; o anonimato da entidade, um nome que serve para um número infinito de espíritos. Concluímos que muitos desses espíritos de luz conseguiram se desligar do ego e diariamente, por meio de orientações e conselhos, nos mostram o caminho da redenção. Sim, é possível despertar o ego para as coisas do espírito. É possível viver no corpo de carne, passar por dificuldades e não se vitimar, não brigar ou ficar magoado.

A Umbanda nos ensina que nada acontece por acaso e que as dificuldades são resultado de nossas escolhas para um determinado tipo de prova pelo qual o ego necessita passar. Sofremos com as escolhas erradas, mas nosso livre-arbítrio foi totalmente respeitado por Deus e pelos espíritos que nos acompanham nesta caminhada.

Conclusões finais sobre este tema

Muitos falam em acabar com o ego, mas não podemos acabar com ele. O espírito precisa do ego e das experiências por ele vivenciadas para sua ascensão. O que acontece é que, uma vez dominado o ego, e livre de suas prisões, o espírito ascende a níveis mais elevados na vida espiritual, como ser eterno que não precisa mais voltar a encarnar e entrar na roda das encarnações. Jesus Cristo, Sidarta Gautama e alguns outros conseguiram e hoje vibram no mais puro amor pela humanidade.

Para cada encarnação, o espírito trava um embate com o ego, visando a resgatá-lo da ilusão do plano material.

O ego sou eu e é você, com todos os nossos defeitos e qualidades. As entidades de Umbanda nos alertam da imprescindível reforma interna para sairmos da horizontalidade dos desejos e avançarmos na verticalidade rumo ao Pai. Libertar-se das "verdades" criadas pelo ego é o caminho para que possamos ressurgir como espíritos eternos, recuperando nossa consciência espiritual plena. O caminho é este: ressurgir na carne, vivenciar a vida no mundo de ilusão, porém com consciência espiritual.

ESCLARECIMENTOS

Isto é Umbanda?

Lucinda estava tendo um dia estafante. Era corretora de imóveis e o mercado imobiliário não andava muito bom, com poucas vendas, devido ao baixo desempenho da economia no país. Sorte que seu marido era funcionário público e garantia certa estabilidade financeira para a família, composta pelo casal e quatro filhos em vias de conquistarem o diploma de ensino superior. Grandes projetos em família. Esperança de um futuro melhor e também muitas despesas. Os filhos trabalhavam, mas ganhavam apenas para suas despesas pessoais, o que já era bem razoável. E além das preocupações diárias com o sustento da família e a orientação segura dos rebentos, o casal mantinha uma terreira, na casa ao lado. Um grupo mediúnico com vários dias da semana de atendimento ao público, aconselhamento, passes e trabalhos voltados para a saúde. Complicado dirigir uma casa de porte médio com atividades variadas, mais orientação e estudo voltados ao aprimoramento dos trabalhadores.

Dori, o filho mais velho, por apresentar características mediúnicas, trabalhava no grupo de cura. Jovem inteligente e talentoso, acompanhava a mãe nos vários cursos em que aprendiam técnicas para melhorar o atendimento, repassando-as aos demais membros da corrente. E num desses encontros, numa casa umbandista de conhecida terapeuta espiritualista, em cidade próxima, o rapaz conheceu a filha desta. Encantaram-se os jovens um pelo outro e passaram de amizade a namoro. Como a família do rapaz era de certo nível social, foi rapidamente aceito e passou a frequentar a casa dela. Por conta dessa proximidade, Dori e Lucinda foram convidados a fazer um estágio no local que a mãe da jovem mantinha e dava cursos, fazendo também atendimentos com hora marcada. Era um templo de Umbanda muito frequentado, por seus tratamentos voltados para cura. Assim, em dias previamente marcados, Lucinda e Dori para lá se dirigiam, a título de estágio relativo ao curso que haviam feito.

Passados alguns meses, Lucinda deixou de comparecer, pois terminara seu aprendizado e o deslocamento estava ficando cansativo para ela, após uma jornada de trabalho e os vários compromissos na terreira que dirigia com o esposo. Entretanto, Dori continuou a pedido de sua futura sogra e por insistência da namorada, o que permitia que ele, além de acompanhar os trabalhos, pernoitasse por lá. Era bem-vindo e sua mediunidade lhe abriu as portas tão logo se aperceberam de sua capacidade mediúnica. Assim, foi aos poucos sendo introduzido na rotina, participando de todos os ritos e conhecendo a fundo as características do local.

Enquanto era novidade, tudo corria bem entre o jovem e a família que o adotara. Por conta disso, Dori começou a espaçar os períodos que passava em sua própria casa. Quase não tinha tempo para os pais. E quando a mãe queria conversar, ele dava uma desculpa e se afastava. Lucinda percebeu a mudança de comportamento do filho. Não se conformava com o distanciamento e rogou a seus mentores que lhe ajudassem a compreender o que estava acontecendo e o porquê da mudança. Foi orientada a orar por ele e aguardar, que em breve entenderia.

Passaram-se alguns meses de aflições e espera angustiante. Um fim de semana, estava Lucinda em casa quando Dori apareceu um tanto pálido, dizendo que precisava ter uma conversa séria com ela. Lucinda o convidou para ir até o terreiro, que estava vazio naquele horário. Foram e, sentados um em frente ao outro, o jovem desabafou. Estava voltando para casa, havia desmanchado o compromisso com sua quase noiva e deixaria de frequentar o templo de Umbanda mantido por sua quase futura sogra. Explicou para a estarrecida mãe que descobrira que, após a assistência e a maioria dos medianeiros daquela casa se retirarem com o término dos trabalhos públicos, alguns poucos escolhidos ficavam e se dirigiam para um compartimento nos fundos onde, juntamente com a mãe de santo, faziam trabalhos de alta magia, com sacrifício de animais, regiamente pagos. Então, a casa se transformava num templo de magia negativa, frequentado por seres espirituais da pior espécie, que se locupletavam com as energias que ali eram fartamente distribuídas.

Lucinda ficou horrorizada com a descoberta, abraçou o filho e, chorando, agradeceu ao Pai Celestial por afastá-lo daquele local, feito apenas de aparências e que havia se tornado um foco de sombras e interesses mesquinhos e imediatistas, baseados no vil metal e nos desejos daqueles que lá acorriam em busca de ver seus caprichos atendidos de qualquer jeito.

Dori voltou a trabalhar sua mediunidade na casa que os pais mantinham. Foram necessários muita coragem e longos períodos de refazimento e tratamentos de saúde, pois tanto ele como a família se viram às voltas com o assédio espiritual oriundo da ex-sogra, agora sua inimiga ferrenha, que abrira todos os seus segredos para o jovem e tivera suas pretensões rejeitadas no momento em que ele decidiu que não ficaria mais lá por não concordar com as atitudes da mesma e os trabalhos pesados a que se entregavam. Sua decisão não foi bem aceita porque agora ele sabia de seus mais torpes segredos.

A Umbanda possui em seu âmago características de outras vertentes religiosas, sem perder seus fundamentos. Estou certo?

Devido a sua característica universalista, a Umbanda traz desde o berço a combinação de diversos sistemas ou princípios religiosos dos escravos negros, da cultura africana, que consiste no conhecimento dos Orixás, dos elementos, das ervas, dos cânticos, da magia; o homem branco possibilitou que os fundamentos dos Orixás se mantivessem vivos até os dias atuais, utilizando o sincretismo com os santos católicos e alguns sacramentos como o batismo, o casamento e as procissões em homenagem a algum Orixá específico, como Iemanjá, Ogum ou Xangô. Com o branco europeu, a Umbanda se assemelha com o espiritismo pelo apelo caritativo de seus trabalhos, juntamente com a mediunidade, a aceitação da lei de reencarnação; a pluralidade dos mundos habitados, a lei de ação e reação, entre outras verdades universais. Por fim, a influência indígena com a pajelança e todo o conhecimento das ervas, infusões e fumaçadas, além do resgate do contato, via mediunidade, com os ancestrais.

Todas essas características que se aglutinam em torno da Umbanda não alteram os fundamentos colocados pelo Caboclo das Sete Encruzilhadas, como, por exemplo, a prática da caridade ao irmão em desarmonia sem o vínculo monetário em seus trabalhos.

Isso acontece porque a Umbanda não é limitada, engessada ou codificada. Sua liberdade de ação existe para que seja possível abarcar um número maior de consciências ajudando na transformação interna de cada um.

Quais os pontos que diferenciam a Umbanda de outras religiões afro-brasileiras?

Ressaltamos que a Umbanda não é uma religião politeísta. Acreditamos em um Deus único, de puro amor, podendo ter várias denominações, como Zambi, Olorum, Pai Maior, Oludumare. Os Orixás não são divindades ou deuses, e sim emanações de Deus que se irradiam para todo o Universo ou planos existenciais, criando, sustentando e amparando todas as criaturas. No plano físico, especificamente nos sítios da Natureza, podemos sentir a forte vibração dos Orixás. Entendemos que os Orixás não se apresentam na forma humana e não se comportam como os seres humanos com seu modo imperfeito de agir e sentir (raiva, vaidade, ciúmes). Não nos vestimos com as roupas coloridas dos Orixás nem damos comida a eles.

O que se manifesta nos terreiros de Umbanda são espíritos desencarnados com grau evolutivo avançado e que têm por objetivo a caridade ao próximo. Unem-se por afinidade a uma determinada vibração de Orixá, formando as linhas vibratórias.

A mediunidade é o ponto principal para a manifestação dessas entidades. O medianeiro já nasce com essa sensibilidade, pois é um compromisso cármico assumido antes de encarnar e que eclodirá em determinado momento em sua encarnação atual. Este dom, quando colocado em prática em prol da caridade, ajudará o médium a quitar débitos na contabilidade divina. Por ser um processo natural que se manifesta no tempo, independente de idade, não há necessidade de camarinha, isolamento para "deitar pro santo", pagamentos em dinheiro ao sacerdote, a fim de obter iniciações, como também sacrifícios de animais com cortes rituais na altura do crânio do médium para fixar as "divindades" no chacra coronário, rituais próprios de outras religiões afro-brasileiras. Na Umbanda não há "obrigações" de troca com o Sagrado nem firmeza e reforço do tônus mediúnico com o elemento sangue.

As iniciações ocorrem com a assiduidade do medianeiro nas engiras. O médium, trabalhando em parceria com as entidades, reformula seu modo de viver, promovendo sua transformação interna.

Como podemos identificar se, de fato, um terreiro é de Umbanda?

A mistura de ritos acaba confundindo o leigo, que conclui que basta ter atabaque e louvar os Orixás com seus pontos cantados para ser um terreiro de Umbanda. Lembrando que o Candomblé e a Nação (Batuque no estado do RS) também cultuam os Orixás e se utilizam do som do atabaque nas louvações.

Não é ter apenas a palavra Umbanda no nome do terreiro para ser de fato Umbanda, com todas as suas características e fundamentos.

Além disso, há muitos dirigentes que fazem uma "mistura" de ritos, trazendo danos morais às religiões que dizem seguir e às pessoas que os procuram, na maioria das vezes em aflição. Seus atos não condizem com a vibração do Orixá que é amor e professam um falso Sagrado. São dirigentes e sacerdotes de má índole, aéticos e sem conhecimento do que fazem. Praticam atos litúrgicos sem fundamento, como mostram as histórias reais aqui apresentadas.

As entidades de Umbanda possuem ética; são educadas e não se utilizam de palavras de baixo calão ou gestos obscenos quando estão "em terra", independente de linha ou forma de apresentação. Suas orientações indicam sempre o bom proceder em qualquer situação. Não se vendem por uma garrafa de cachaça, uísque ou outra bebida alcoólica, muito menos solicitam ao consulente que sacrifique animais para a realização de algum desejo.

Os médiuns nos terreiros de Umbanda utilizam a roupa branca como uniforme e os trabalhos encerram às vinte e duas horas. As consultas são abertas ao público no dia das engiras, quando as pessoas poderão tirar suas dúvidas e conversar com as entidades manifestadas. Além de amenizarem as dores, os conselhos têm por objetivo modificar o indivíduo, levando-o a fazer escolhas com base no bom caráter. E, a cada conversa, o consulente irá se esclarecendo sobre as leis de reencarnação, lei de retorno etc. Em nenhuma hipótese são realizados "trabalhos" escusos, que induzem a pessoa a praticar o mal ou que a obriguem a algo que não queira, do tipo "amarração", para conseguir um emprego ou com o intuito de se vingar de alguém.

A Umbanda não "abafa" a mediunidade para que os sintomas venham a desaparecer, nem se utiliza do elemento sangue em seus rituais. É do livre-arbítrio do indivíduo praticar ou não sua mediunidade, focando-a para a caridade, mas as consequências das escolhas afetarão sua vida, para melhor ou para pior. A Umbanda não oferece privilégios na vida de seus médiuns, as dificuldades servem para o burilamento espiritual.

Os médiuns, com ou sem a participação das entidades, não se utilizam de ações libidinosas, nem cobram por qualquer ajuda.

Terreiro de Umbanda é casa de Jesus, Médium Maior, exemplo a ser seguido por todos os espíritos.

Tenho receio de ir a um terreiro, não sei se é Umbanda ou não.

Atualmente, é muito fácil a pesquisa sobre locais ou pessoas com as informações disponíveis na internet e nas redes sociais. Essas páginas indicam se o terreiro ou sacerdote que queremos visitar realizam "trabalhos espirituais" com consulta pré-agendada. Isso significa que o dirigente se utiliza desses trabalhos como fonte geradora de recursos financeiros para viver. Em algum momento na consulta, seja no terreiro ou em particular, será indicado que se faça urgentemente um trabalho espiritual. Para isso, a pessoa precisará desembolsar uma quantia relativamente grande, sem garantia de ganho ou realização. E esses dirigentes sem caráter se utilizam do medo para convencer o consulente a pagar o referido trabalho. Dizem que a vida "vai dar pra trás", vai perder o emprego, namorado ou família, contrair doenças. Até que a pessoa, em pânico, se rende ao que é solicitado e paga pelo serviço.

Isso não é Umbanda!

A entidade de fato conduzirá o consulente a mudar de atitude em relação à situação para que todos os envolvidos se equilibrem. Orientará a assistir às palestras (se houver no terreiro) ou tomar passes até o retorno do equilíbrio.

Escutar uma palestra traz grande benefício na concretização das mudanças de atitude e nas escolhas. A mensagem transmitida pela palestra vibra no mental da pessoa por vários dias. Ela medita sobre o assunto e, sutilmente, começa a dar os primeiros passos para a mudança interna com a ajuda dos amigos espirituais.

Mesmo que não realizemos uma pesquisa prévia na internet ou nas redes sociais, devemos nos manter atentos e ser espertos.

Observemos o ritual, o modo de vestir dos médiuns, o horário de atendimento, se há organização e disciplina.

As orientações têm que ser dentro da ética, embasadas no amor e sem nenhum vínculo a pagamento em moeda. Qualquer atitude que agrida você ou as pessoas envolvidas não é Umbanda.

Considerações finais

Umbanda é amor em ação.

As entidades, espíritos de alta envergadura moral, são como pais amorosos prontos a nos ajudar. Conhecem nossas fraquezas, dificuldades e desejos. Suas orientações são repassadas pelos médiuns para a melhoria de nosso espírito.

Jesus alertava: "entrai pela porta estreita; porque larga é a porta, e espaçoso o caminho que conduz à perdição, e muitos são os que entram por ela; e porque estreita é a porta, e apertado o caminho que leva à vida, e poucos há que a encontrem" (Mateus 7:13,14).

Os tipos de portas são as situações generalizadas que se apresentam na vida. É indispensável estarmos em alerta quanto à escolha das portas para evitarmos o nevoeiro da perturbação e a dor do arrependimento.

As facilidades que são oferecidas em troca de pagamento são a porta larga que conduz a um caminho espaçoso que trará sofrimento, desequilíbrio e/ou várias obsessões.

A porta estreita não significa dificuldades, e sim difícil acesso, que exigirá maior esforço por ser estreita. É complicada a compreensão dos fatos quando nos colocamos como vítimas. É dolorido, numa situação conflitante, mudar a postura, conforme os ensinamentos do Evangelho.

A porta estreita é valorizar o próximo, mudar as tendências, os vícios, visando a nossa melhoria, assim estaremos nos burilando para trilhar o verdadeiro caminho de ascensão.

Para qualquer dificuldade, comecemos a cortar as algemas que nos prendem ao conflito. Não nos deixemos levar por caminhos fáceis, que o dinheiro compra ou que uma iniciação bem paga promete resolver. Pois, na ânsia de termos nossos problemas solucionados, imediatamente e sem maiores esforços, utilizando o caminho que conduz à porta larga, fatalmente acabaremos encontrando, por triste afinidade, pessoas sem ética e sem caráter que cobrarão um preço muito alto para que nossos desejos sejam realizados. É preciso ter cuidado, pois dirigentes assim são conhecidos como médiuns das trevas.

Glossário

– **ABASSÁ**: local sagrado, de adoração e respeito a Olorum (Deus), aos Orixás, aos Falangeiros e aos Ancestrais. Espaço onde acontecem as incorporações.

– **AÉTICO**: sem ética, desprovido de ética.

– **ANIMISMO**: tudo aquilo que vem do espírito encarnado, sua bagagem de conhecimentos, crenças e vivências adquiridas nesta e em vidas pretéritas.

– **AMPARADORES**: toda consciência que nos acompanha lá do plano Astral.

– **APOMETRIA**: técnica terapêutica de auxílio espiritual, baseada no desdobramento anímico. Desenvolvida pelo Dr. Lacerda.

– **APRONTAMENTO**: o mesmo que feitura, termo usado no Candomblé.

– **ARUANDA**: cidade astral, colônia espiritual, moradia dos pretos velhos, após o desencarne.

– **ASSENTAMENTO**: centro ou ponto focal de influência magnética, potente concentrador ou dinamizador energético.

– **AXÉ**: energia benfazeja que movimenta e anima tudo no Universo, princípio vital, a magia do Criador, é o fluido cósmico universal.

– **BABALORIXÁ**: sacerdote; chefe masculino de um terreiro; pai de santo.

– **BORI**: oferenda à cabeça, ao Ori.

– **CAMARINHA**: quarto pequeno, geralmente de dormir, onde ficam em estado de reclusão aqueles que devem ser iniciados para se tornarem mães ou pais de santo.

– **CONDENSADOR**: condensa as ondas mentais que se "amontoam" ao seu redor, decorrentes das emanações psíquicas das pessoas que ali se reúnem ou se concentram.

– **CONGÁ**: altar, coração do terreiro, que pulsa, envia e recebe energias.

– **CONSULENTE**: todo aquele que se dirige a uma casa de caridade para receber passe ou buscar atendimento.

– **CAMBONE(O)**: auxiliar do pai de santo, cambondo. Variação de cambono.

– **EBÔ**: despacho; presente para Exu; oferta que se oferece em encruzilhadas ou em qualquer outro local.

– **EBÓ**: líquido com vários vegetais não fermentados, preparado para várias ocasiões: banhos, banhos para a cabeça, limpeza de ambiente etc. Cada ebó tem um preparo diferente de acordo com a situação. Antes de ser usado, é benzido por um Guia.

– **EGRÉGORA**: um campo de energias extrafísicas criadas no plano Astral a partir da energia emitida por um grupo de pessoas através de seus padrões vibracionais.

– **ELEDÁ**: o conjunto de vibrações dos Orixás que influenciam na encarnação presente do indivíduo.

– **ENGIRA**: a regularidade das atividades caritativas com base na mediunidade que acontece no terreiro.

– **FEITURA**: designação do Candomblé que significa iniciação; iniciar um noviço para seu Orixá.

– **FIRMEZA**: é um procedimento simples e rápido que tem por objetivo evocar forças ou energias em benefício próprio por um determinado período.

– **FORMA-PENSAMENTO**: criação mental que utiliza matéria fluídica ou matéria astral para compor as características de acordo com a natureza do pensamento.

– **IALORIXÁ**: sacerdotisa; chefe feminina de um terreiro; mãe de santo.

– **ILÊ**: casa de Candomblé.

– **INCORPORAÇÃO**: também conhecida como psicofonia, é um termo utilizado para descrever o ato pelo qual um médium permite, consciente ou inconscientemente, que um espírito se manifeste através de seu corpo.

– **IPADÊ**: oferenda a Exu.

– **IRRADIAÇÃO**: transmissão de fluidos espirituais à distância.

– **MÃE DE SANTO**: o mesmo que ialorixá; chefe feminina de terreiro.

– **OLORUM**: ou Olodumaré, ou Zambi, é o criador do Universo, o próprio princípio criador em eterno movimento, fonte de tudo o que somos e de tudo o que nossos sentidos possam perceber; Deus.

– **ORI**: palavra em yoruba que significa cabeça. O Ori é o ponto mais alto e sagrado do corpo humano.

– **PRÁTICA LITÚRGICA**: realização dos ritos e cerimônias na Umbanda.

– **PRECEITO**: são orientações espirituais, formalidades individuais que devem ser adotadas pontualmente por todos os médiuns de uma corrente dentro da necessidade de cada trabalhador.

– **REFORMA INTERNA**: é a ação e o efeito de se reformar ou de se renovar.

– **SACRALIDADE**: algo sagrado e que é importante para certo lugar.

– **VÉU DE ÍSIS**: possui várias interpretações. Em uma delas, diz-se que o ser vivo é pego na teia ou véu de Ísis, significando que no nascimento o espírito, a centelha divina, que está em todos nós, é preso ou incorporado na carne. Essa teia ou véu é a trama do destino ou circunstâncias no plano físico. Tudo o que vivemos em outras vidas é esquecido.

Referências Bibliográficas

CHAVES, Lizete e MUTTI, Daisy. *Ensinamentos básicos de Umbanda*. Porto Alegre: Edições BesouroBox Ltda., 2016.

CUMINO, Alexande. *História da Umbanda – uma religião Brasileira*. São Paulo: Madras Editora, 2010.

KARDEC, Allan. *O Livro dos Espíritos*. 135ª ed. Araras: IDE, 2001.

LANCELLIN. *Iniciação – Viagem astral*. Psicografado por João Nunes Maia. Editora Fonte Viva, 2011.

MARQUES, Adilson. *Apometria: a mediunidade e o poder da mente a serviço da regeneração espiritual da Terra*. São Carlos: RiMa, 2011.

MATOS, José. *Esquizofrenia: bênção ou maldição? Como compreender e lidar com as perturbações mentais com origem espiritual*. Portugal: Edições Mundo Novo, 2007.

MIRANDA, Hermínio C. *Diversidade dos carismas – teoria e prática da mediunidade*. São Paulo: Editora 3 de Outubro/Gráfica Loyola, .

PEIXOTO, Norberto. *A Umbanda é de todos – manual do chefe de terreiro*. Porto Alegre: Grupo de Umbanda Triângulo da Fraternidade, 2015.

PEIXOTO, Norberto. *Cartilha do médium umbandista*. Porto Alegre: Grupo Triângulo da Fraternidade, 2015.

PEIXOTO, Norberto. *Iniciando na Umbanda*. Porto Alegre: Grupo Triângulo da Fraternidade, 2015.

PRANDI, Reginaldo. *Os Candomblés de São Paulo*. São Paulo: Editora da Universidade de São Paulo, 1991.

RAMATÍS. *Magia de redenção*. Psicografado por Hercílio Maes. Limeira/São Paulo: Ed. Conhecimento, 1957.

RAMATÍS. *O triunfo do mestre*. Psicografado por Norberto Peixoto. Limeira/São Paulo: Ed. Conhecimento, 2011.

RAMATÍS. Umbanda *pé no chão*. Psicografado por Norberto Peixoto. Limeira/São Paulo: Ed. Conhecimento, 2008.

RIGONATTI, Eliseu. *A mediunidade sem lágrimas*. São Paulo: Editora Pensamento, .

Outras fontes:

http://despertarcoletivo.com, http://www.amebrasil.org.br, http://somostodosum.ig.com.br, http://www.voadores.com.br, http://www.blogespirita.org, http://meioshabeis.blogspot.com.br.

Leia também

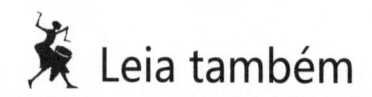

Daisy Mutti & Lizete Chaves
ENSINAMENTOS BÁSICOS DE UMBANDA

136 págs. | R$ 36,00 | 14x21cm | 978-85-5527-032-1

Daisy Mutti e Lizete Chaves, adeptas da religião de Umbanda e médiuns consagradas ao sacerdócio, registram aqui conhecimentos adquiridos pela pesquisa, leitura e experiências práticas no espaço sagrado do templo umbandista.

Uma obra simples e direta que, através de perguntas e respostas, vem esclarecer e desmistificar as principais inquietações e dúvidas do universo da Umbanda: fundamentos, gestos e rituais ainda velados e fantasiosos na imaginação popular, questões de médiuns iniciantes, e medianeiros, pessoas que procuram um terreiro de Umbanda e querem entender melhor as particularidades dessa religião tão conhecida e ao mesmo tempo cercada de interrogações.

BesouroBox

Compre pelo site: www.besourobox.com.br